# Le piano
## sur le bout des doigts

Design graphique : Christine Hébert
Infographie : Chantal Landry
Révision et correction : Ginette Patenaude

**Catalogage avant publication de Bibliothèque et Archives nationales du Québec et Bibliothèque et Archives Canada**

Legros, Manon
Le piano sur le bout des doigts : de la pratique à la théorie

1. Piano - Méthodes d'auto-enseignement. I. Titre.

MT248.L519 2008 786.2'193 C2008-941464-0

Pour en savoir davantage sur nos publications, visitez notre site : **www.edhomme.com**
Autres sites à visiter : www.edjour.com
www.edtypo.com • www.edvlb.com
www.edhexagone.com • www.edutilis.com

09-08



Dépôt légal : 2008
Bibliothèque et Archives nationales du Québec

ISBN 978-2-7619-2535-8

DISTRIBUTEURS EXCLUSIFS :

- Pour le Canada et les États-Unis :
  **MESSAGERIES ADP***
  2315, rue de la Province
  Longueuil, Québec J4G 1G4
  Tél. : 450 640-1237
  Télécopieur : 450 674-6237
  Internet : www.messageries-adp.com
  * filiale du Groupe Sogides inc.,
  filiale du Groupe Livre Quebecor Media inc.
- Pour la France et les autres pays :
  **INTERFORUM editis**
  Immeuble Paryseine, 3, Allée de la Seine
  94854 Ivry CEDEX
  Tél. : 33 (0) 1 49 59 11 56/91
  Télécopieur : 33 (0) 1 49 59 11 33
  **Service commandes France Métropolitaine**
  Tél. : 33 (0) 2 38 32 71 00
  Télécopieur : 33 (0) 2 38 32 71 28
  Internet : www.interforum.fr
  **Service commandes Export – DOM-TOM**
  Télécopieur : 33 (0) 2 38 32 78 86
  Internet : www.interforum.fr
  Courriel : cdes-export@interforum.fr
- Pour la Suisse :
  **INTERFORUM editis SUISSE**
  Case postale 69 – CH 1701 Fribourg – Suisse
  Tél. : 41 (0) 26 460 80 60
  Télécopieur : 41 (0) 26 460 80 68
  Internet : www.interforumsuisse.ch
  Courriel : office@interforumsuisse.ch
  **Distributeur : OLF S.A.**
  ZI. 3, Corminboeuf
  Case postale 1061 – CH 1701 Fribourg – Suisse
  **Commandes :** Tél. : 41 (0) 26 467 53 33
  Télécopieur : 41 (0) 26 467 54 66
  Internet : www.olf.ch
  Courriel : information@olf.ch
- Pour la Belgique et le Luxembourg :
  **INTERFORUM editis BENELUX S.A.**
  Boulevard de l'Europe 117
  B-1301 Wavre – Belgique
  Tél. : 32 (0) 10 42 03 20
  Télécopieur : 32 (0) 10 41 20 24
  Internet : www.interforum.be
  Courriel : info@interforum.be

Gouvernement du Québec – Programme de crédit d'impôt pour l'édition de livres – Gestion SODEC – www.sodec.gouv.qc.ca

L'Éditeur bénéficie du soutien de la Société de développement des entreprises culturelles du Québec pour son programme d'édition.

Le Conseil des Arts du Canada
The Canada Council for the Arts

Nous remercions le Conseil des Arts du Canada de l'aide accordée à notre programme de publication.

Nous reconnaissons l'aide financière du gouvernement du Canada par l'entremise du Programme d'aide au développement de l'industrie de l'édition (PADIÉ) pour nos activités d'édition.

Manon Legros

De la
pratique
à la
théorie

# Le piano
## sur le bout des doigts

LES ÉDITIONS DE L'HOMME
Une compagnie de Quebecor Media

# Table des matières

## Deuxième partie



## Troisième partie

À mes parents,
qui m'ont encouragée à poursuivre mes études
à l'âge où tout me semblait plus agréable
que de m'asseoir au piano.

# Introduction

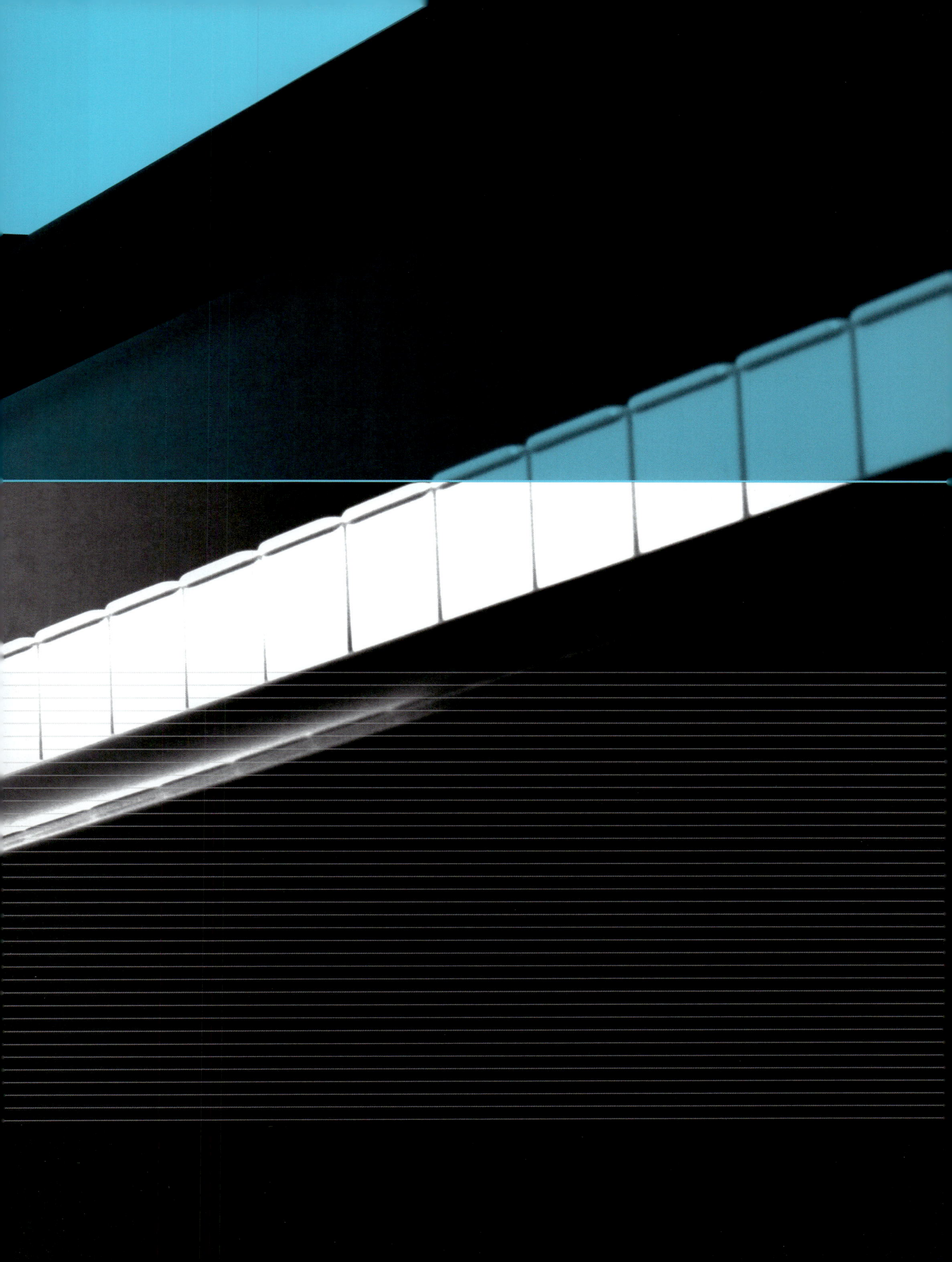

# Oui ! Vous pouvez apprendre seul à jouer du piano

Jouer du piano est probablement un rêve que vous caressez depuis longtemps. Vous avez peut-être un vieux piano à la maison depuis des années et vous le contemplez souvent, non sans une certaine nostalgie, mais on vous a toujours dit qu'il fallait un talent inné pour la musique et, justement, vous avez l'impression que vous n'avez pas l'oreille musicale. Alors votre rêve ne se réalise pas et votre piano silencieux n'est qu'un ramasse-poussière...

Ou vous vous dites que, même si vous avez quelques dispositions, vous ne pouvez passer des heures à vous initier aux subtilités de la théorie musicale ou à vous adonner à des gammes interminables. Détrompez-vous ! Grâce à cette méthode, vous n'aurez pas besoin d'assimiler de théories compliquées. J'ai tout simplifié pour vous. Vous n'apprendrez que ce qui est absolument nécessaire pour jouer vos morceaux préférés.

Ne vous préoccupez pas de la théorie ! Vous l'assimilerez au fur et à mesure que vous apprendrez de nouveaux morceaux. En fait, j'ai conçu la méthode de manière à faire de l'apprentissage un jeu, car c'est en jouant vos morceaux préférés que vous absorberez peu à peu les notions théoriques.

Avec cette méthode, ce sera un peu comme si vous aviez votre professeur à vos côtés. Au cours de mes années d'enseignement du piano, j'ai répertorié les difficultés que presque tous les élèves rencontrent, ainsi que les erreurs les plus fréquentes. Cela m'a permis de rassembler tous les petits secrets grâce auxquels vous éviterez les pièges les plus fréquents. Avant chaque morceau, vous trouverez une description de la ou des difficultés. Les passages difficiles sont marqués d'un symbole caractéristique qui vous mettra en garde. Ainsi, vous éviterez les pièges.

La méthode contient également un répertoire des difficultés qui vous permettra de soigner vos maux musicaux et de vous perfectionner avec une aisance dont vous serez le premier – mais non le dernier – surpris. Vous éprouvez une difficulté ? Vous ne gardez pas le rythme ? Vous faites souvent une fausse note au même endroit ? Vous avez de la difficulté à retenir un passage en particulier ? Ce répertoire vous indiquera l'exercice ou le truc qui vous guérira et améliorera du même coup votre jeu.

Vous aimez la musique classique – Mozart, Beethoven, Chopin –, mais vous avez toujours cru qu'il fallait être un grand musicien pour interpréter leurs œuvres. Détrompez-vous ! J'ai en effet choisi pour vous les plus beaux airs classiques que j'ai adaptés de manière que vous puissiez les jouer au bout de quelques jours seulement.

Imaginez les innombrables heures de plaisir que vous pourrez passer seul ou en famille, en compagnie des plus grands musiciens de tous les temps !

# Un CD vous accompagne pas à pas

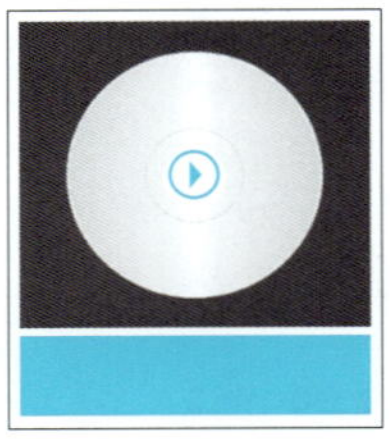

Vous vous demandez peut-être comment, malgré la précision des instructions et des conseils, vous pouvez savoir, sans l'aide d'un professeur, que vous jouez correctement un morceau ? En effet, personne ne sera à vos côtés pour vous prévenir ou corriger votre jeu au cours de votre apprentissage. La méthode est accompagnée d'un CD audio qui contient tous les morceaux présentés dans ce livre et qui vous aidera à progresser.

En cas d'hésitation, écoutez le CD et vous saurez immédiatement comment vous corriger et, en quelques jours, votre jeu s'améliorera grandement ! Peu importe votre âge, vos notions musicales ou vos dispositions actuelles, vous apprendrez rapidement à jouer du piano. Vous n'avez qu'à suivre pas à pas cette méthode et... à poser vos doigts, maintenant impatients, sur votre clavier.

Certaines pièces présentées sur le CD se divisent en deux parties. Vous entendez d'abord la mélodie, puis l'accompagnement. Ainsi, lorsque l'étudiant maîtrise bien une pièce, il peut s'offrir, dès le début de son apprentissage, le plaisir de jouer en même temps que la mélodie, ou encore, d'exécuter son morceau en harmonie avec l'accompagnement, qui reprend certains éléments de la partie orchestrale. Il est à noter que, lorsqu'un accompagnement est proposé, il se trouve sur la même plage de CD que cette mélodie. Certains lecteurs de CD vous permettront de sauter la mélodie pour accéder d'un seul clic à l'accompagnement, mais si ce n'est pas le cas, vous y aurez accès en utilisant la commande « avance rapide ».

# Trois conseils pour faciliter votre apprentissage

## Répétez régulièrement

« Le musicien, comme le sculpteur, ne peut achever son travail en un seul jour ! » Aussi, autant que possible, répétez **régulièrement**. Nul besoin de passer de longues heures à votre clavier à faire des exercices ardus et des gammes ennuyeuses, mais répétez au moins 15 minutes par jour.

En fait, des études ont démontré que notre cerveau absorbe mieux une matière si elle est étudiée régulièrement et à petites doses, qu'à raison d'une grande quantité d'un seul coup. Par exemple, il est préférable de travailler 15 minutes chaque jour plutôt que d'avoir une séance de travail de deux heures chaque semaine.

Évidemment, ne soyez pas maniaque ! Ce n'est pas grave si vous sautez une journée ici et là. Quatre ou cinq séances par semaine vous permettront de progresser rapidement. N'oubliez pas que vous apprenez le piano pour vous détendre et vous amuser, et non pas pour ajouter à vos soucis !

Des séances régulières permettront à votre subconscient, qui enregistre tout, d'absorber les nouvelles données musicales que vous apprenez. En outre, de cette manière, le travail d'assimilation continue à se faire à votre insu. C'est un peu comme si vous aviez un laboratoire musical dans la tête !

### Fixez-vous un but

Ne commencez jamais une séance sans vous **fixer un but**. Cette étape a un effet très puissant, voire magique. Avant chaque séance, donnez-vous un objectif précis, qui n'a pas besoin d'être compliqué ou grandiose. Rappelez-vous le vieux dicton chinois : « Un voyage de mille pas commence par un seul pas. »

Vous pouvez, par exemple, décider d'apprendre les quatre premières mesures d'une mélodie ou d'améliorer tel aspect particulier de votre jeu. De cette façon, vous ne perdrez jamais votre temps et vous mesurerez plus facilement vos progrès.

### Soyez enthousiaste

Votre enthousiasme vous fera progresser rapidement. Ne vous laissez pas décourager par quelques séances plus ardues. Et souvenez-vous que vos efforts seront récompensés.

## Faites accorder votre piano

Enfin, avant de passer aux exercices proprement dits, il est très important de **faire accorder votre piano** à 440 cycles par seconde. Pourquoi ? Parce que le piano qui a été utilisé pour l'enregistrement de votre CD d'accompagnement est accordé à 440 cycles par seconde, qui est la hauteur standard. Si votre piano et votre CD ne sont pas au même diapason, c'est-à-dire à la même hauteur, le son ne sera pas harmonieux et cela sonnera faux. Vous pouvez trouver un bon accordeur à un tarif très raisonnable.

# Première partie

# Chapitre 1

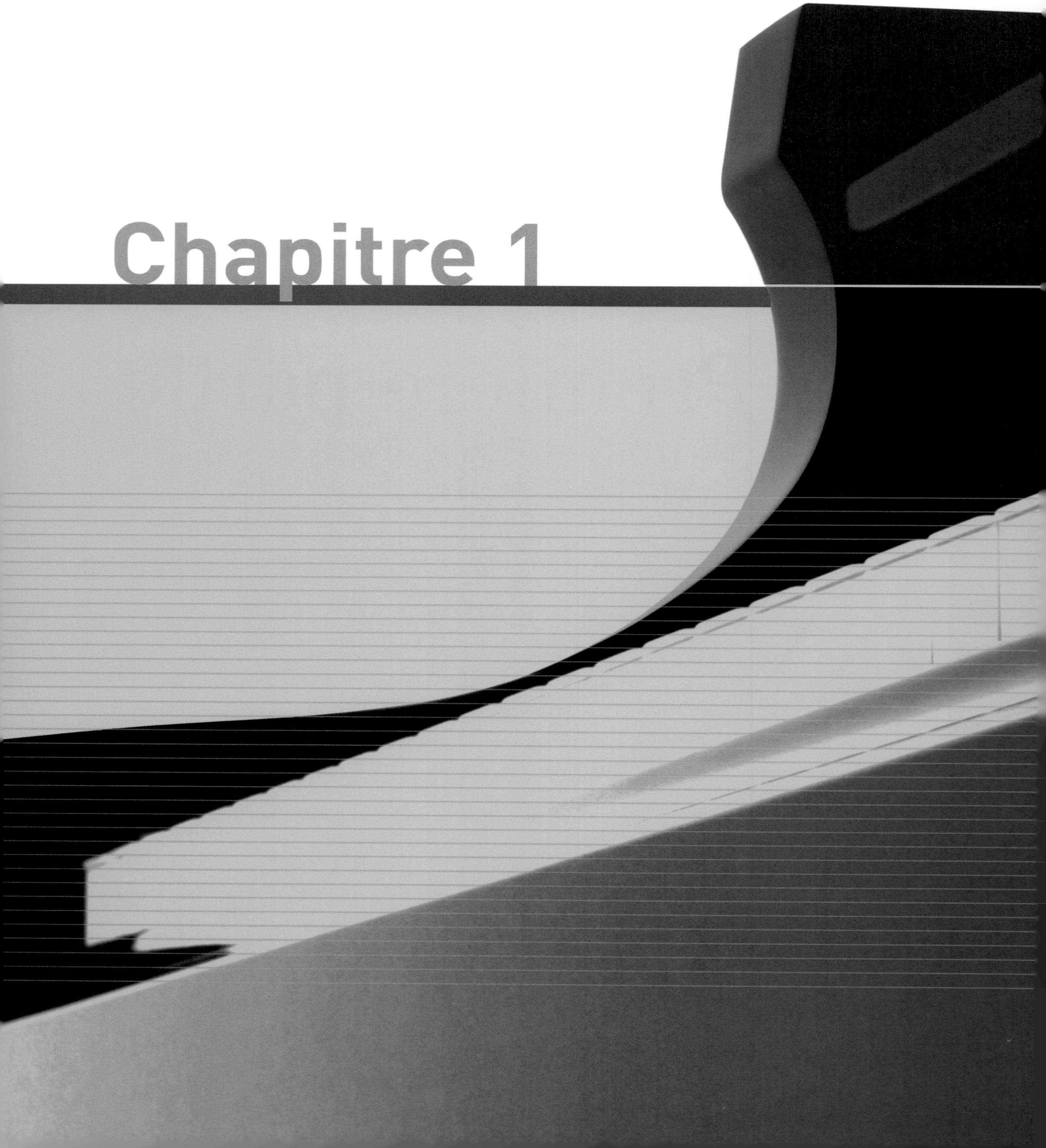

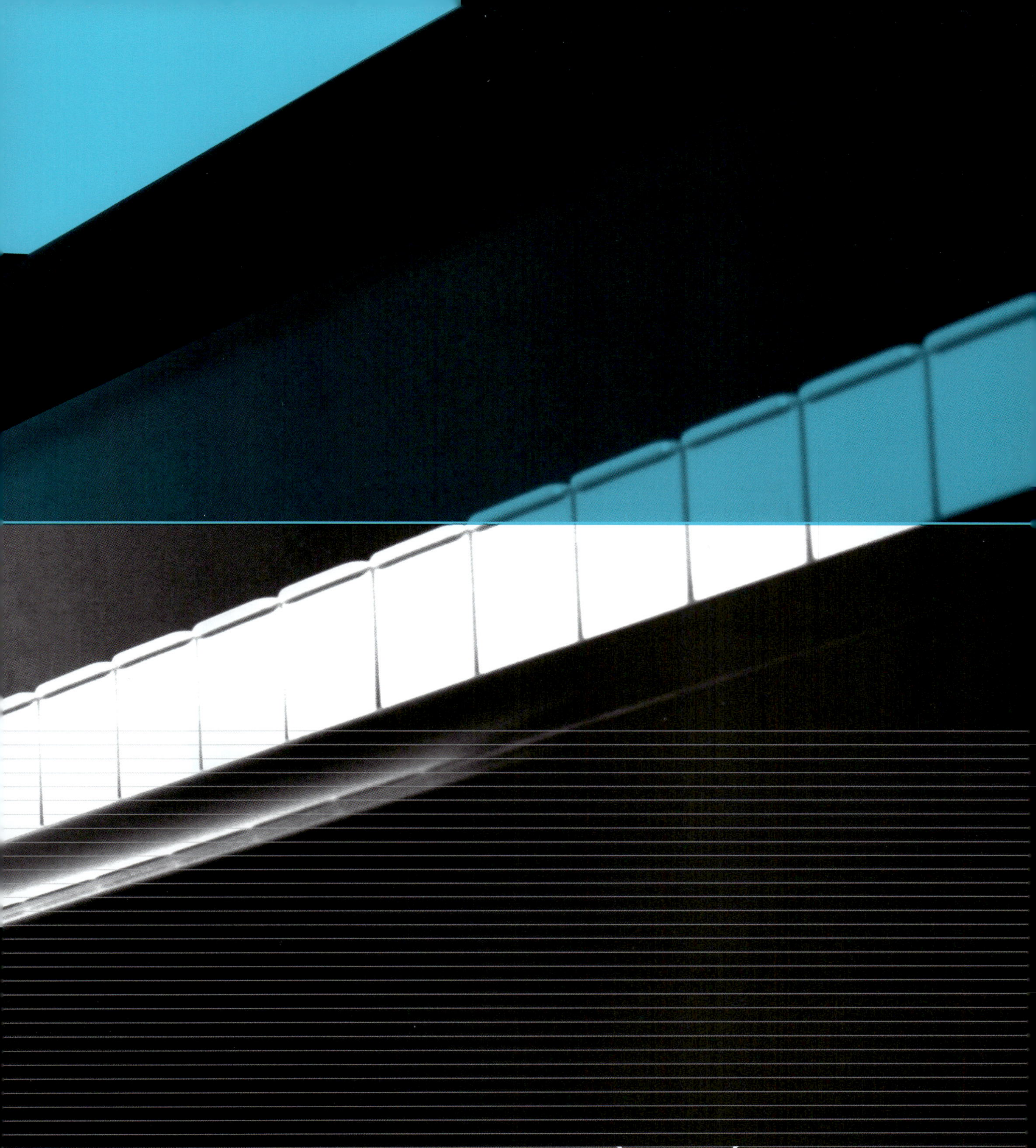

PARTEZ À LA DÉCOUVERTE
DE VOTRE CLAVIER

# La posture

Il est très important d'adopter une bonne posture au clavier, parce cela vous permettra de jouer plus longtemps sans développer de tensions au niveau des bras, du dos et des épaules.

1. Placez le banc de manière que votre corps soit face au centre du clavier. Cette position est la seule qui permet d'atteindre aisément les deux extrémités du clavier avec les mains.

2. La hauteur du banc est également très importante. Ajustez-le de manière que vos avant-bras et vos poignets soient dans le prolongement exact du clavier. Une position inconfortable détériorera votre jeu en créant des tensions dans vos bras et vos épaules.

3. Il n'y a pas que la position des mains qui compte. Votre posture tout entière est importante, si vous voulez être capable de jouer pendant des heures sans vous fatiguer. Votre dos doit être bien droit et vos pieds fermement posés sur le sol.

# Le clavier

1. Le clavier comporte au total 88 notes (évidemment moins si vous utilisez un clavier électronique).

2. Il est constitué de deux séries de notes : les blanches et les noires. Les touches noires sont groupées en bloc de deux et de trois notes.

3. Le clavier couvre trois registres : **grave, médium et aigu.** Le registre grave se situe à l'extrême gauche du clavier, le registre médium au milieu, et le registre aigu à droite. Bien entendu, les sons correspondent aux registres. À gauche, vous avez les notes les plus graves et à droite, les plus aiguës.

› **Faites un petit essai tout de suite. Entendez-vous la différence ?**

Le registre grave et la section gauche du registre médium sont le territoire de la main gauche. Quant au reste du clavier – c'est-à-dire la partie droite du registre médium et le registre aigu –, c'est la main droite qui s'en charge.

# Les notes

Tenez uniquement compte des touches blanches de votre clavier. C'est là que vous retrouverez les **SEPT NOTES DE LA GAMME.** Vous vous souvenez de ces notes que vous avez apprises à l'école ? Les voici :

**DO | RÉ | MI | FA | SOL | LA | SI**

Mais comment savoir où se situent le DO ou le FA sur le clavier ? C'est facile. Le DO se situe immédiatement à gauche d'un bloc de deux touches noires. Notez que tous les DO se situent au même endroit, car la gamme se répète sur toute la longueur du clavier.

Amusez-vous. Jouez à la suite tous les DO du clavier. Vous remarquerez qu'il s'agit de la même note, mais à différentes hauteurs. Il est à noter que tous les DO devraient sonner à l'unisson, à moins que votre piano soit désaccordé ; c'est d'ailleurs une excellente manière de vérifier si votre piano sonne juste ou faux.

Une fois que vous avez trouvé le DO, il est facile de repérer les autres notes.

Vous avez appris la séquence des sept notes ?

**DO | RÉ | MI | FA | SOL | LA | SI**

Le repérage des autres notes devient ensuite un jeu d'enfant. Le RÉ vient immédiatement après le DO, et le SI, juste avant. Consultez le tableau suivant :

Bloc de 2 NOIRES

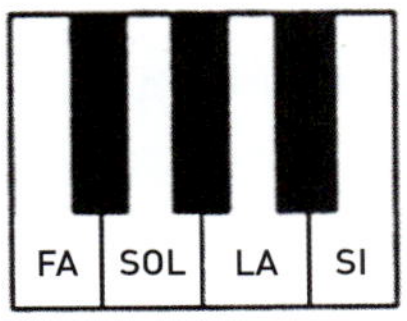


Bloc de 3 NOIRES

Comme vous pouvez le constater :

1. Tous les DO se situent à la gauche d'un bloc de DEUX NOTES NOIRES ;
2. Les RÉ se trouvent au centre de ce bloc ;
3. Et les MI à droite.

Le bloc des **TROIS NOTES NOIRES** sert également de repère pour les autres notes de la gamme, soit FA, SOL, LA et SI. Par exemple, le FA se trouve à gauche ce bloc de trois noires et le SI, à droite.

Entre ces deux notes se trouvent évidemment le SOL et le LA.

Consultez de nouveau l'illustration de la page 21. Avec cette méthode, il vous suffira de quelques minutes pour repérer les notes sur le clavier.

# Exercices au piano

## L'index sauteur

Partez du registre grave et montez jusqu'à l'aigu en jouant avec l'index tous les DO. Utilisez l'index de la main gauche pour le registre grave jusqu'au DO central, et celui de la main droite pour le reste du clavier.

D'un DO à l'autre, efforcez-vous d'exécuter un demi-cercle gracieux. Votre mouvement doit avoir de la fluidité et de la souplesse. Au début, vous aurez peut-être tendance à vous contracter un peu, mais vous apprendrez bientôt de petits secrets qui vous aideront à vous détendre parfaitement.

Écoutez ce que vous jouez. Tous les DO doivent être à l'unisson, même s'ils ne sont pas à la même hauteur. Si un DO n'a pas le même son qu'un autre, et que votre piano est bien accordé, c'est que vous n'avez pas joué un DO !

N'oubliez pas de changer de main lorsque vous arrivez au centre du clavier. Votre index droit doit alors prendre la relève.

Répétez le même exercice trois ou quatre fois, jusqu'à ce que vous arriviez à parcourir tout le clavier sans faire une seule fausse note. Ne vous inquiétez pas si vous faites des erreurs, car c'est tout à fait normal au début. Le secret est d'y aller très lentement. Lorsque vous aurez acquis un peu d'assurance, vous pourrez accélérer le rythme.

Lorsque vous vous sentez à l'aise avec les DO, reprenez le même exercice, mais cette fois-ci avec les autres notes, dans l'ordre : RÉ, MI, FA, SOL, LA, SI.

## Nommez les notes suivantes

### Exercice A

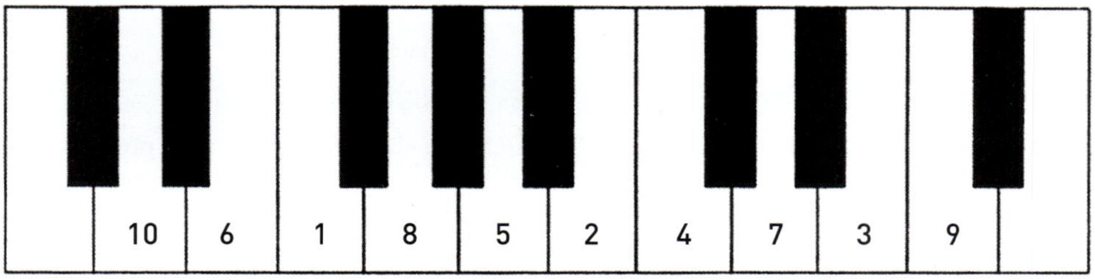


### Exercice B

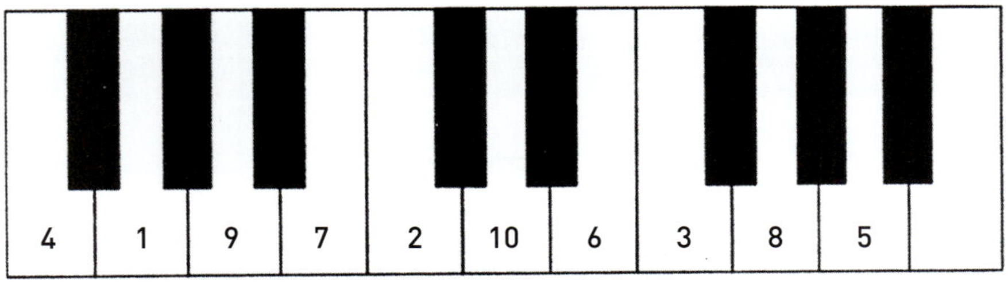


## RÉPONSES

Exercice A

1. FA 2. SI 3. MI 4. DO 5. LA 6. MI 7. RÉ 8. SOL 9. FA 10. RÉ

Exercice B

1. SOL 2. DO 3. FA 4. FA 5. LA 6. MI 7. SI 8. SOL 9. LA 10. RÉ

## Test de vitesse

**LES EXERCICES SUIVANTS VISENT À AMÉLIORER LA VITESSE À LAQUELLE VOUS REPÉREZ LES NOTES SUR LE CLAVIER. AYEZ UNE MONTRE OU UN CHRONOMÈTRE À VOS CÔTÉS.**

### Exercice A

Voici 10 groupes de 3 notes situées à la gauche du clavier, de la note la plus grave jusqu'au DO central, c'est-à-dire aux registres grave et moyen. Trouvez ces groupes en moins de 4 minutes. Allez-y, top chrono !

**Registres grave et moyen**

| | | | |
|---|---|---|---|
| 1. DO - RÉ - MI | | 6. MI - FA - LA | |
| 2. FA - SOL - LA | | 7. SOL - SI - DO | |
| 3. SI - DO - RÉ | | 8. DO - MI - FA | |
| 4. MI - FA - SOL | | 9. RÉ - MI - SOL | |
| 5. LA - SI - DO | | 10. SOL - SI - RÉ | |

Inscrivez votre temps : __________ minutes.

### Exercice B

Maintenant que vous êtes bien exercé, jouez ces 10 groupes de 3 notes situées à droite du clavier, à partir du DO central jusqu'aux notes les plus aiguës, c'est-à-dire aux registres moyen et aigu. Il est à noter que cet exercice est plus difficile que précédemment. Allez-y, top chrono !

**Registres moyen et aigu**

| | |
|---|---|
| 1. DO - MI - SOL | 6. LA - FA - MI |
| 2. RÉ - LA - SI | 7. SI - MI - FA |
| 3. MI - SI - DO | 8. DO - SOL - LA |
| 4. FA - RÉ - MI | 9. SOL - MI - SI |
| 5. SOL - DO - MI | 10. LA - RÉ - SOL |

Inscrivez votre temps : __________ minutes.

## RÉSULTATS

### Exercice A

**Si vous avez réalisé cet exercice en :**

| | |
|---|---|
| 4 min et plus : | Vous avez probablement de la difficulté à visualiser le clavier. Revoir l'illustration de la page 21 et refaites l'exercice B ; |
| 3 min : | BON résultat (essayez quand même de réagir plus vite) ; |
| 2 min : | TRÈS BON résultat ; |
| 1 ½ min et moins : | VOUS EXCELLEZ, continuez ! |

### Exercice B

**Si vous avez réalisé cet exercice en :**

| | |
|---|---|
| 4 minutes : | BON ; ce n'est pas mal, mais vous êtes encore un peu lent ; |
| 3 minutes : | BON résultat ; |
| 2 minutes : | TRÈS BON résultat ; |
| 1 ½ min et moins : | VOUS EXCELLEZ ; vous avez très bien assimilé l'introduction. |

n° 2

## MAINTENANT QUE VOUS CONNAISSEZ ASSEZ BIEN VOS NOTES ESSAYEZ CET AIR CONNU DU FILM *MÉLODIE DU BONHEUR* AVEC L'INDEX DE LA MAIN DROITE.

- **Commencez au DO central. C'est le DO qui se trouve très exactement au milieu du clavier.**
- **Jouez en récitant les notes à voix haute.**
- **Répétez et comparez avec l'enregistrement.**

| | | | | | | |
|---|---|---|---|---|---|---|
| DO | RÉ | MI | DO | MI | DO | MI |
| RÉ | MI | FA | FA | MI | RÉ | FA |
| MI | FA | SOL | MI | SOL | MI | SOL |
| FA | SOL | LA | LA | SOL | FA | LA |
| SOL | DO | RE | MI | FA | SOL | LA |
| LA | RÉ | MI | FA | SOL | LA | SI |
| SI | MI | FA | SOL | LA | SI | DO |
| DO | SI | LA | FA | SI | SOL | DO |

n° 3

## La répétition des notes à voix haute

Pour mémoriser facilement vos morceaux de musique, voici un secret que m'a révélé mon maître de piano Paul Loyonnet. Ce truc lui permettait, à 90 ans, d'exécuter de mémoire des morceaux qu'il n'avait pas joués depuis plusieurs années !

Il s'agit tout simplement de répéter à voix haute les notes d'un morceau. De même qu'un comédien répète à voix haute son texte jusqu'à ce qu'il s'en souvienne parfaitement, vous n'avez qu'à répéter les notes de la mélodie que vous apprenez.

Par exemple, si vous jouez l'air suivant de la *Cinquième Symphonie* de Beethoven, récitez les notes en même temps que vous les jouez. Vous verrez qu'après quelques jours de répétition à voix haute, vous pourrez chanter partout, en voiture ou dans la douche, les notes de vos airs favoris et que vous ne les oublierez plus jamais !

MI MI MI DO RÉ RÉ RÉ SI

MI MI MI DO FA FA FA MI DO DO DO LA

MI MI MI SI FA FA FA MI RÉ RÉ RÉ SI

MI MI RÉ DO MI MI RÉ DO MI MI RÉ DO

LA MI !

# Chapitre 2

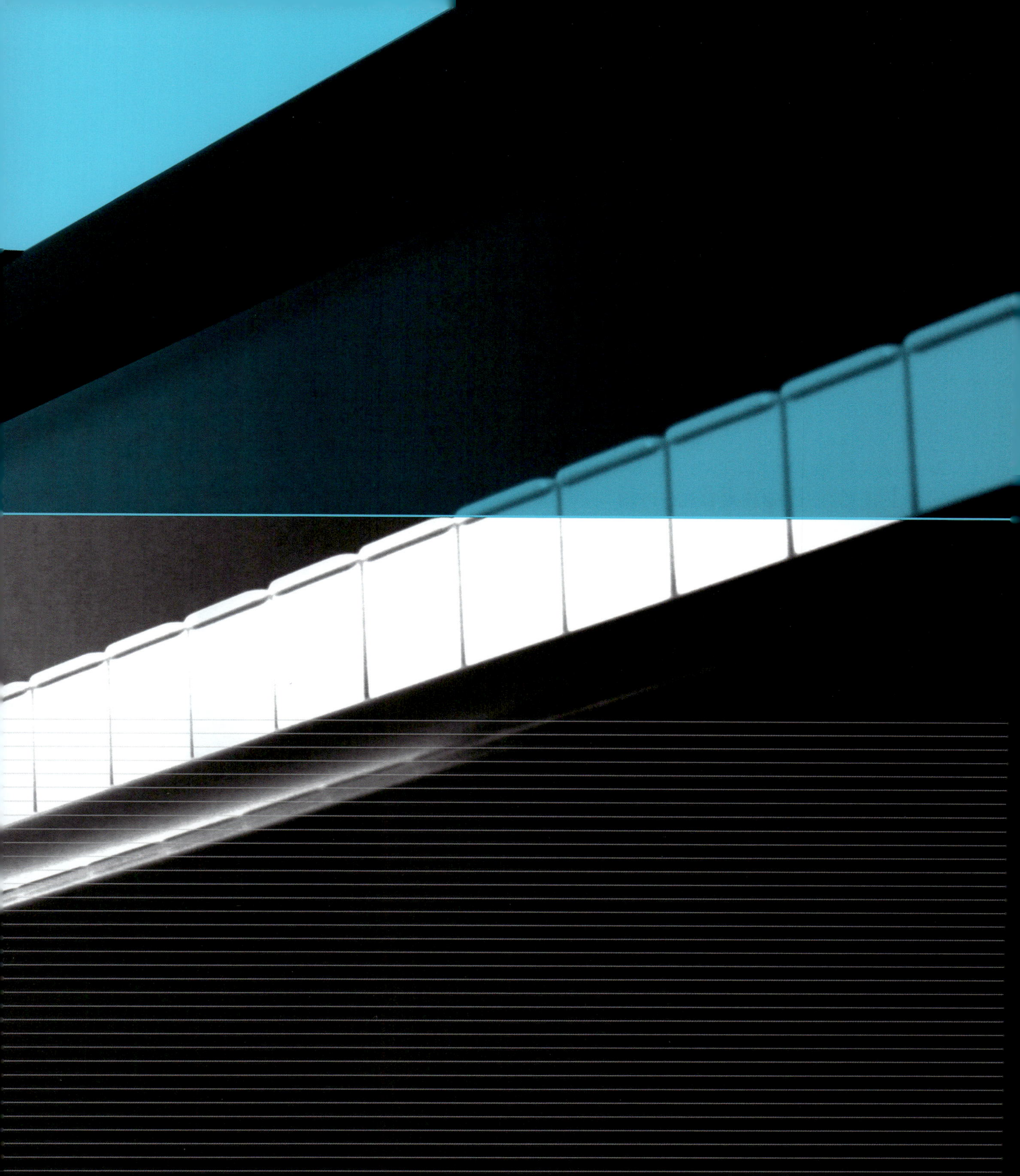

# LA POSTURE

Maintenant que vous savez où se situent les notes sur le clavier, vous voici prêt à vous installer au piano. Une bonne posture est cruciale tant pour votre confort que pour votre performance. Cela vous épargnera non seulement des tensions et des douleurs dans le dos, les épaules et les mains, mais vous aidera à jouer avec aisance et précision. C'est la base de votre apprentissage. Faites consciencieusement tous les exercices de ce chapitre, car de bonnes habitudes prises dès le départ vous permettront de progresser rapidement et vous éviteront bien des embûches.

Ce chapitre a été conçu de façon à expérimenter le plus vite possible le plaisir de jouer. Il vous accompagne pas à pas et fournit des explications théoriques adaptées à votre niveau. Ici, la théorie suit la pratique, elle ne la précède pas.

## La position du corps

Comment jouer pendant une heure sans se lasser ni ressentir de tensions ?
Voici comment procéder :

- **Asseyez-vous toujours face au milieu du clavier, à égale distance des deux extrémités ;**
- **Laissez tomber les bras le long du corps, librement ;**
- **Assurez-vous également que vos mains sont parfaitement détendues ;**
- **Soulevez lentement les bras et posez les mains sur le clavier, tel qu'indiqué ci-dessous.**
- **Faites en sorte que chaque doigt repose sur une note, comme ci-dessous.**

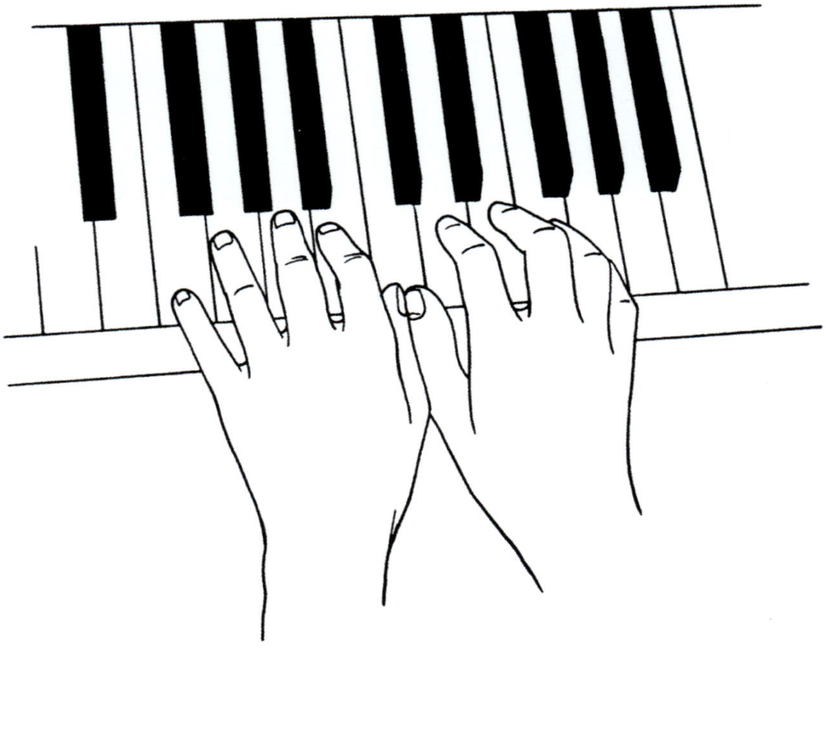

C'est aussi simple que cela ! Cette technique est d'ailleurs celle que préconisent les plus grands concertistes. Posez plusieurs fois les mains sur le clavier de façon que chacun de vos doigts repose correctement sur la bonne note, jusqu'à ce que ce mouvement devienne fluide et naturel.

Au début, il est préférable d'y aller avec une seule main. Commencez par la main droite. Posez-la correctement sur le clavier à trois ou quatre reprises puis refaites cet exercice de la main gauche. Enfin, terminez avec les deux mains ensemble, en essayant de conserver la fluidité de votre mouvement.

## L'observation, un outil efficace

Voici un conseil qui vous aidera à progresser rapidement au piano : développez votre sens de l'observation. Prenez l'habitude d'examiner attentivement ce que vous faites et d'analyser vos mouvements. Vous serez ainsi en mesure de corriger vous-même vos erreurs et de vous améliorer. À cet égard, le Répertoire des difficultés, à la page 207, vous sera également d'une grande aide.

L'auto-observation comporte un autre avantage : en vous habituant à observer attentivement vos mouvements, vous les *photographiez*. Ainsi, ils s'inscrivent plus aisément dans votre subconscient, qui ne contient pas seulement des mots mais aussi des images.

Notez au passage que l'observation ne devrait pas se limiter à la seule position de vos mains ou à votre façon de jouer. Chaque fois que vous êtes en présence d'un pianiste plus expérimenté que vous, examinez attentivement son jeu. Vous pouvez apprendre beaucoup grâce à l'imitation, qui est en fait une autre forme d'observation.

# La position des mains

Mémorisez le dessin suivant. Il vous indique la position idéale de la main au piano. Lisez attentivement les observations. Notez également que, si vos ongles sont trop longs, vous aurez de la difficulté à adopter une position correcte.

Le **POIGNET** est en ligne droite avec l'avant-bras et le clavier.

Les **ARTICULATIONS** de la main forment une courbe qui ne doit s'aplatir en aucun cas.

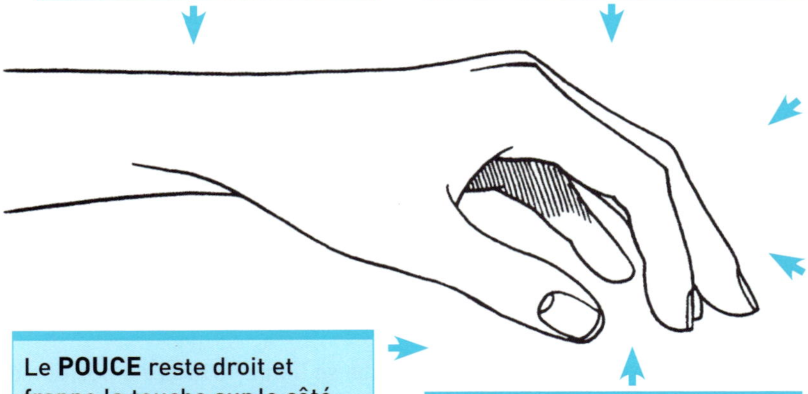

Le **PETIT DOIGT** reste droit ou à peine courbé (selon la longueur de votre doigt).

Les **PHALANGETTES** ne doivent pas plier sous le poids de votre bras.

Le **POUCE** reste droit et frappe la touche sur le côté de l'ongle.

Ces doigts forment un demi-cercle. Le contact doit se faire sur la partie bombée des doigts (coussins).

**Une bonne position des mains vous donnera beaucoup de souplesse et de liberté**

# Le doigté

Vous devriez maintenant être capable de déposer vos mains sur le clavier d'un seul mouvement. Vérifiez si les déplacements n'ont pas faussé votre geste. Donc, redéposez les mains sur le piano et observez attentivement leur position : assurez-vous que le poignet, le petit doigt, les trois doigts centraux (l'annulaire, le majeur, l'index), le pouce ainsi que les phalangettes et les articulations sont bien placés.

L'étape suivante consiste à déterminer quel doigt joue quelle note sur une partition. C'est ce que nous allons voir. Il s'agit tout simplement de ce que les musiciens appellent le « doigté ».

Les doigts des deux mains sont numérotés de 1 à 5. Sur une partition, le doigté est indiqué par le chiffre accolé à la note.

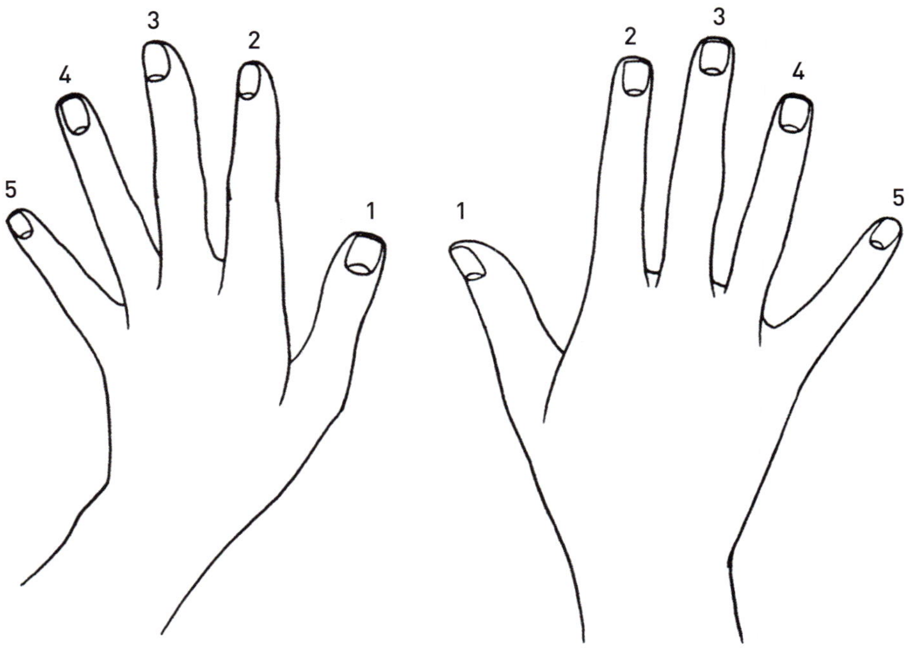


Les pouces sont toujours désignés par le chiffre **1** ;
Les index, par le chiffre **2** ;
Les majeurs, par le chiffre **3** ;
Les annulaires, par le chiffre **4** ;
Les auriculaires par le chiffre **5**.

## La main droite

### EXERCICE

**VOUS SENTEZ-VOUS PRÊT À EFFECTUER VOTRE PREMIER EXERCICE AU PIANO ? OUI ? EH BIEN, ALLONS-Y !**

- Soulevez la main droite, comme vous avez appris à le faire, et posez votre pouce sur le DO central.
- Les autres doigts doivent se placer sur leurs notes respectives.

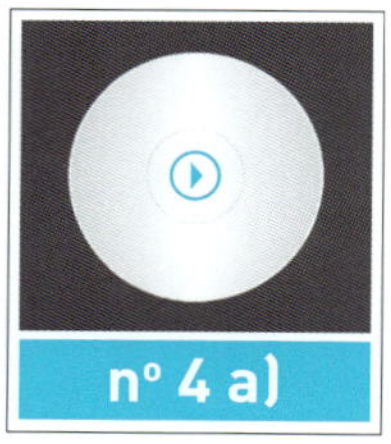


- Maintenant, jouez ces 5 notes ascendantes :

DO 1 – RÉ 2 – MI 3 – FA 4 – SOL 5

- Puis redescendez :

SOL 5 – FA 4 – MI 3 – RÉ 2 – DO 1

- Vous voyez, ce n'est pas si difficile !

## EXERCICE

n° 4 b)

- **Recommencez plusieurs fois l'exercice suivant :**

| DO | RÉ | MI | FA | SOL | FA | MI | RÉ | DO |
|---|---|---|---|---|---|---|---|---|
| 1 | 2 | 3 | 4 | 5 | 4 | 3 | 2 | 1 |

Vous vous rendez probablement compte que certains doigts sont plus raides que d'autres, qu'ils suivent moins aisément vos commandements. C'est presque invariablement le cas des doigts 4 et 5. Ils sont en général plus faibles et moins indépendants des autres. Ne vous inquiétez pas ! Avec un peu d'exercice, les choses s'arrangeront.

### Voici quelques conseils supplémentaires :

- **Appuyez bien sur chaque touche de manière à l'enfoncer ;**
- **N'enfoncez jamais plus d'une touche à la fois. Lorsque vous passez à la note suivante, libérez la note précédente.**

# Le legato

L'exercice précédent vous a peut-être permis de constater que votre jeu était un peu sec, pour ne pas dire saccadé. Les notes ne semblent pas liées entre elles. Rien de comparable aux belles mélodies que vous avez déjà entendues.

C'est que vous n'avez pas encore appris à utiliser ce qu'on appelle le « LEGATO ». Il s'agit d'un mot tiré de l'italien qui signifie « lié ». Grâce au legato, **il n'y a pas d'interruption de son** entre les notes.

Comment jouer legato ? Il s'agit simplement de ne pas lâcher une note **avant** de jouer la suivante, mais **dès** que vous jouez la suivante.

Pour vous familiariser avec le legato, il est recommandé de jouer très lentement, sinon, votre jeu sera soit confus, parce que vos doigts appuieront sur plusieurs touches à la fois, soit saccadé, parce que vos doigts quitteront trop rapidement une note avant de passer à la suivante. Amusez-vous à faire les exercices suivants.

n° 5

EXERCICE

## JOUEZ PLUSIEURS FOIS LEGATO LES NOTES SUIVANTES :

| | | | | | | | | |
|---|---|---|---|---|---|---|---|---|
| DO | RÉ | MI | FA | SOL | FA | MI | RÉ | DO |
| 1 | 2 | 3 | 4 | 5 | 4 | 3 | 2 | 1 |

n° 6

EXERCICE

## TRAVAILLEZ LE LEGATO EN JOUANT L'AIR DE *J'AI DU BON TABAC* DE LA MANIÈRE SUIVANTE :

- **Jouez en récitant les notes à voix haute ;**
- **Répétez et comparez avec l'enregistrement.**

| | | | | | | | | | | |
|---|---|---|---|---|---|---|---|---|---|---|
| DO | RÉ | MI | DO | RÉ | RÉ | MI | FA | FA | MI | MI |
| 1 | 2 | 3 | 1 | 2 | 2 | 3 | 4 | 4 | 3 | 3 |

| | | | | | | | | | |
|---|---|---|---|---|---|---|---|---|---|
| DO | RÉ | MI | DO | RÉ | RÉ | MI | FA | SOL | DO |
| 1 | 2 | 3 | 1 | 2 | 2 | 3 | 4 | 5 | 1 |

| | | | | | | | | |
|---|---|---|---|---|---|---|---|---|
| SOL | SOL | FA | MI | RÉ | MI | SOL | RÉ | 2 fois |
| 5 | 5 | 4 | 3 | 2 | 3 | 5 | 2 | |

| | | | | | | | | | | |
|---|---|---|---|---|---|---|---|---|---|---|
| DO | RÉ | MI | DO | RÉ | RÉ | MI | FA | FA | MI | MI |
| 1 | 2 | 3 | 1 | 2 | 2 | 3 | 4 | 4 | 3 | 3 |

| | | | | | | | | | |
|---|---|---|---|---|---|---|---|---|---|
| DO | RÉ | MI | DO | RÉ | RÉ | MI | FA | SOL | DO |
| 1 | 2 | 3 | 1 | 2 | 2 | 3 | 4 | 5 | 1 |

# La main gauche

Il est à remarquer que, pour la plupart d'entre nous (à l'exception bien entendu des gauchers), la main gauche pose problème : elle est plus faible, moins docile. Il faut donc lui consacrer plus de temps.

De plus, le quatrième doigt de la main gauche est particulièrement faible et rebelle. Il se peut qu'au début vous éprouviez beaucoup de difficulté à le soulever, comme si une masse de plomb y était fixée. (N'hésitez pas à consulter Le répertoire des difficultés, p. 207, vous y trouverez le remède.)

n° 7

## EXERCICE

**PLACEZ LE POUCE GAUCHE SUR LE DO CENTRAL ET FAITES MAINTENANT L'EXERCICE SUIVANT AVEC LA MAIN GAUCHE.**

- **Jouez ces notes descendantes :**

DO 1 – SI 2 – LA 3 – SOL 4 – FA 5

- **Puis, remontez jusqu'au DO initial :**

FA 5 – SOL 4 – LA 3 – SI 2 – DO 1

n° 8

- **Maintenant, jouez plusieurs fois les notes suivantes :**

DO 1 – SI 2 – LA 3 – SOL 4 – FA 5 – SOL 4 – LA 3 – SI 2 – DO 1

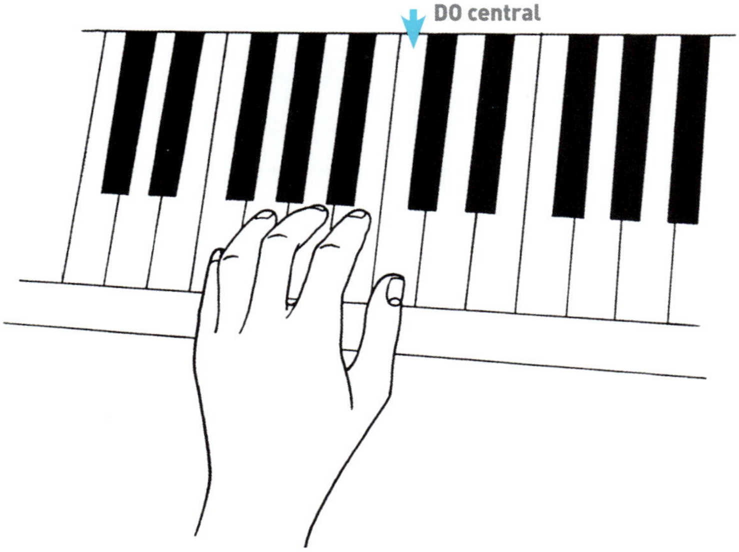

n° 9

## EXERCICE

**JOUEZ L'AIR DE *À LA CLAIRE FONTAINE* DE LA MAIN GAUCHE. CETTE PIÈCE FERA TRAVAILLER LES DOIGTS PARESSEUX, C'EST-À-DIRE LES DOIGTS 3-4-5. ALLEZ-Y ! COURAGE !**

- **Jouez en récitant les notes à voix haute ;**
- **Répétez et comparez avec l'enregistrement.**

| | | | | | | |
|---|---|---|---|---|---|---|
| FA 5 | FA 5 | LA 3 | LA 3 | SOL 4 | LA 3 | SOL 4 |
| FA 5 | FA 5 | LA 3 | LA 3 | SOL 4 | LA 3 | |
| LA 3 | LA 3 | SOL 4 | FA 5 | LA 3 | DO 1 | LA 3 |
| DO 1 | DO 1 | LA 3 | FA 5 | LA 3 | SOL 4 | |
| FA 5 | FA 5 | LA 3 | LA 3 | SOL 4 | LA 3 | SOL 4 |
| LA 3 | LA 3 | SOL 4 | FA 5 | LA 3 | SOL 4 | FA 5 |

nº 10

## EXERCICE › La coordination des deux mains

L'exercice suivant consiste à coordonner les deux mains en jouant les mêmes notes qu'aux exercices précédents. Ces séries de notes jouées les deux mains ensemble forment ce qu'on appelle un mouvement contraire, c'est-à-dire que les notes jouées seront ascendantes de la main droite et descendantes de la main gauche.

- **Posez les mains sur clavier en déposant les pouces sur le DO CENTRAL.**
- **Vérifiez que les autres doigts se placent sur leurs notes respectives.**
- **Jouez la gamme suivante de la main droite :**

| | | | | | | | | | |
|---|---|---|---|---|---|---|---|---|---|
| main droite | DO 1 | RÉ 2 | MI 3 | FA 4 | SOL 5 | FA 4 | MI 3 | RÉ 2 | DO 1 |
| main gauche | DO 1 | SI 2 | LA 3 | SOL 4 | FA 5 | SOL 4 | LA 3 | SI 2 | DO 1 |

- **Jouez la gamme précédente de la main gauche :**
- **Jouez maintenant les gammes précédentes en même temps avec les deux mains.**

### Voici quelques indications utiles :

1. Vous pouvez utiliser un seul pouce pour jouer le DO ;
2. Les deuxièmes doigts jouent SI et RÉ simultanément ;
3. Les troisièmes doigts jouent LA et MI simultanément ;
4. Les quatrièmes doigts jouent SOL et FA simultanément ;
5. Les cinquièmes doigts jouent FA et SOL simultanément.

Effectuez cet exercice lentement au début afin d'appuyer simultanément sur les touches. Chaque paire de notes doit former un seul son.

Répétez la gamme précédente **avant chaque répétition.** Ainsi, vos doigts seront plus agiles pour attaquer le morceau que vous étudiez.

Êtes-vous toujours observateur ? Pendant les exercices précédents, comment vos mains étaient-elles placées ? Voici une liste de mauvaises positions que les mains prennent naturellement au début. Étudiez-la et corrigez-vous !

## Problèmes courants lors des premières séances

Voici une série d'illustrations qui indiquent les positions incorrectes que les mains prennent naturellement au début. Mais en premier lieu, voici la position correcte des doigts et du poignet lorsque vous êtes au piano.

› **OUI !**

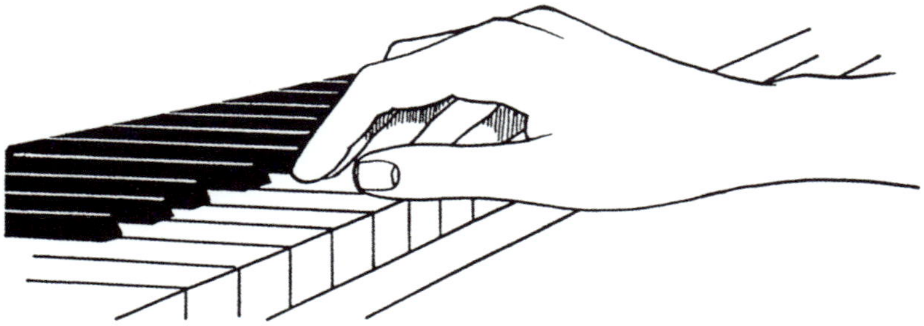

1. Le POIGNET est placé soit trop haut, soit trop bas. En réalité, il doit être en ligne droite par rapport au clavier.

**NON !**

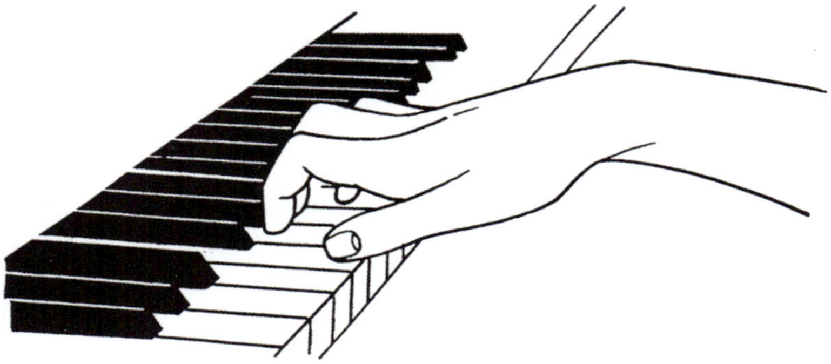

**NON !**

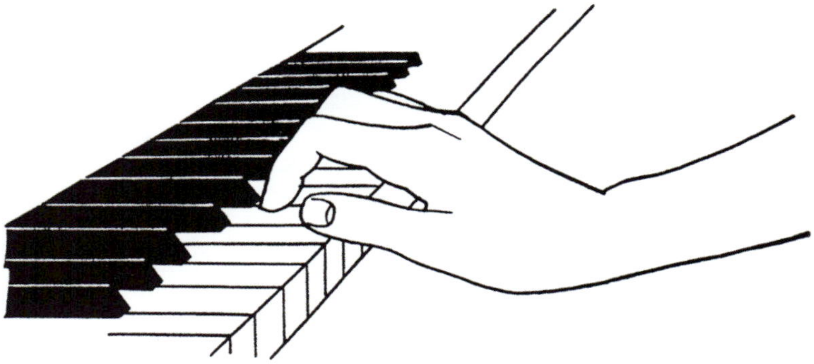

2. Les JOINTURES s'aplatissent. N'oubliez pas qu'elles doivent former une courbe. Prenez garde de ne lever que les jointures et non le poignet ou encore les coudes.

› **NON !**

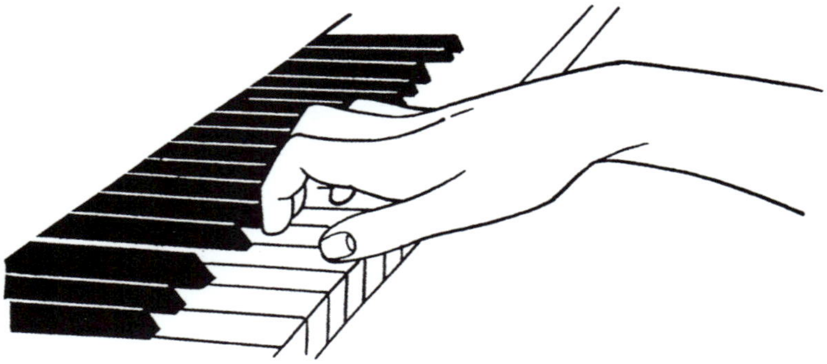

3. Les PHALANGETTES s'écrasent, plient. Raffermissez-les, car cette tendance est non seulement la plus fréquente mais aussi la plus difficile à corriger.

› **NON !**

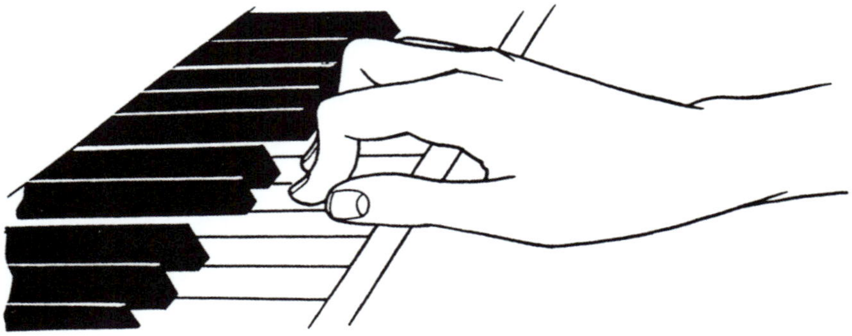

4. Les **DOIGTS** touchent le clavier au niveau des ongles ou s'aplatissent, ce qui est à déconseiller. Jouez plutôt sur la partie bombée de vos doigts appelée « coussin ».

**NON !**

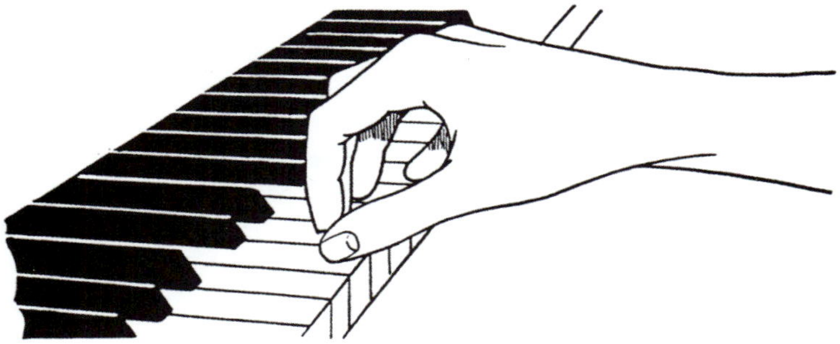

**NON !**

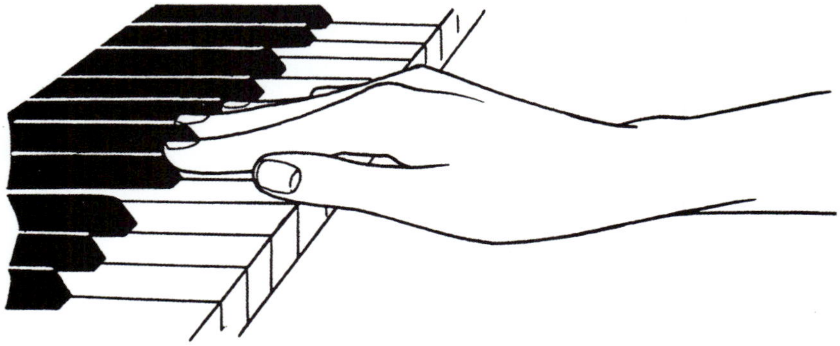

5. L'INDEX se soulève et se sépare des autres doigts. Voir le Répertoire des difficultés, page 207, pour corriger cette tendance.

**NON !**

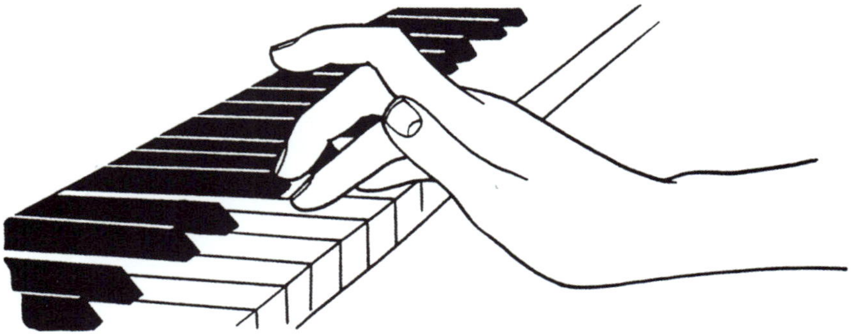

6. Le PETIT DOIGT s'écrase sur le côté comme le pouce. Il doit suivre les trois autres doigts et attaquer la note sur le coussin. Si vos mains tombent sur le côté, tirez les pouces vers l'intérieur afin de les ramener à la bonne position

**NON !**

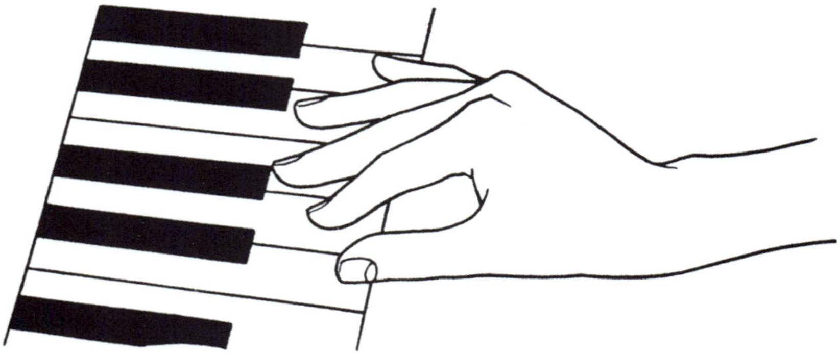

n° 11

EXERCICE

## MAINTENANT, VOICI UN EXTRAIT DE LA *SYMPHONIE « SURPRISE »* DE HAYDN QUI VOUS PERMETTRA DE TRAVAILLER LA COORDINATION DES MAINS.

- **Récitez les notes à voix haute.**
- **Placez les pouces sur le DO central.**
- **Jouez en utilisant le doigté indiqué.**
- **Répétez et comparez avec l'enregistrement.**

Main droite :

| | | | | | | | | | | |
|---|---|---|---|---|---|---|---|---|---|---|
| DO | DO | MI | MI | SOL | SOL | MI | FA | FA | RÉ | RÉ |
| 1 | 1 | 3 | 3 | 5 | 5 | 3 | 4 | 4 | 2 | 2 |

Main gauche :

| | | |
|---|---|---|
| SI | SI | SOL |
| 2 | 2 | 4 |

Main droite :

| | | | | | | | | |
|---|---|---|---|---|---|---|---|---|
| DO | DO | MI | MI | SOL | SOL | MI | FA | RÉ |
| 1 | 1 | 3 | 3 | 5 | 5 | 3 | 4 | 2 |

Main gauche :

| | |
|---|---|
| SI | SOL |
| 2 | 4 |

Main droite :

| | | |
|---|---|---|
| DO | MI | DO |
| 1 | 3 | 1 |

# Chapitre 3

# QUELQUES NOTIONS DE BASE

**VOUS VOICI PRÊT À APPRENDRE QUELQUES NOTIONS DE BASE QUI VOUS PERMETTRONT DE VOUS FAMILIARISER AVEC L'ÉCRITURE MUSICALE ET D'APPRIVOISER ENCORE DAVANTAGE VOTRE INSTRUMENT.**

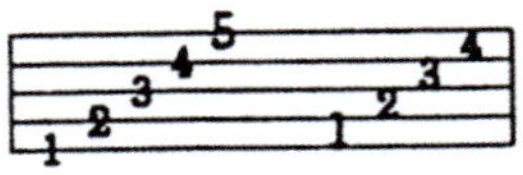


La PORTÉE, composée de 5 lignes et de 4 espaces, sert à la notation de la musique. Les notes sont écrites sur les lignes et dans les espaces.

Quand les notes montent sur la portée, elles montent aussi sur le clavier. L'inverse est aussi vrai.

La **clé de SOL** se place au début de la portée et indique que les notes seront jouées par la main droite. Elle couvre les notes partant du DO central jusqu'à l'aigu, soit la moitié droite de votre clavier. La clé de SOL entoure la ligne qui porte la note SOL, d'où son nom.

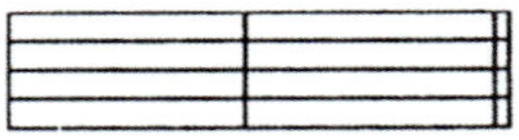

Les BARRES DE MESURE sont les barres verticales qui groupent les notes de la portée en parties égales, formant des blocs de notes que l'on appelle MESURES. La DOUBLE BARRE indique la fin d'un morceau.

La **clé de FA** indique que les notes seront jouées par la main gauche. Elle couvre les notes partant du DO central en allant vers le registre grave, soit la moitié gauche de votre clavier. Les deux points de la clé de FA sont situés de part et d'autre de la ligne qui porte la note FA, d'où son nom.

L'ACCOLADE relie les deux portées pour former la GRANDE PORTÉE.

## Apprendre à lire les notes

Voici les 5 premières notes, qui correspondent aux 5 touches suivantes sur votre piano. Le point de départ est toujours le DO central.

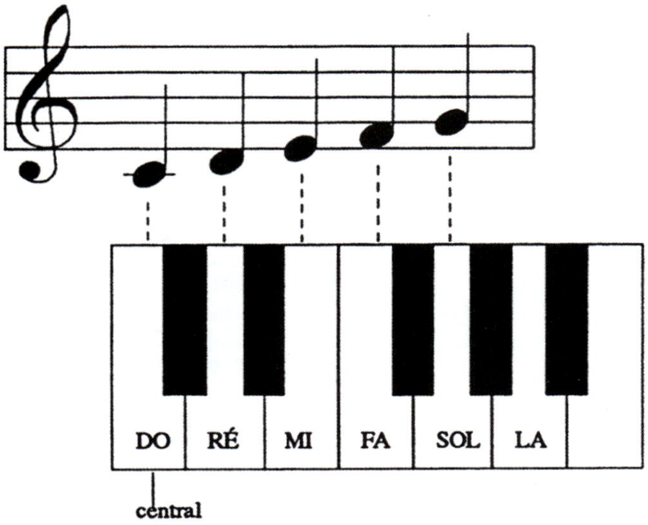


1. Le DO central et le RÉ sont placés tous les deux en dessous de la portée.
2. Le DO central se reconnaît facilement, car sa note est traversée par une courte ligne. Le DO central est donc une NOTE LIGNE.
3. Le RÉ, une NOTE ESPACE, est suspendu à la portée.
4. Le MI est la première note ligne de la portée. Pensez à preMIère.
5. Le FA est tout simplement la première note espace de la portée.
6. Le SOL se trouve sur la deuxième ligne. Il est à noter que la clé de SOL entoure cette ligne.

# De la portée au clavier

## EXERCICE

Afin de vous exercer à lire la musique et à jouer en même temps, effectuez les exercices suivants. Veuillez noter que le doigté est inscrit à gauche des notes.

- **Posez la main droite sur le clavier, le pouce sur le DO central.**
- **Jouez la gamme très lentement en observant le lien entre le clavier et la portée.**
- **Répétez en augmentant peu à peu votre vitesse.**
- **Comparez avec l'enregistrement.**

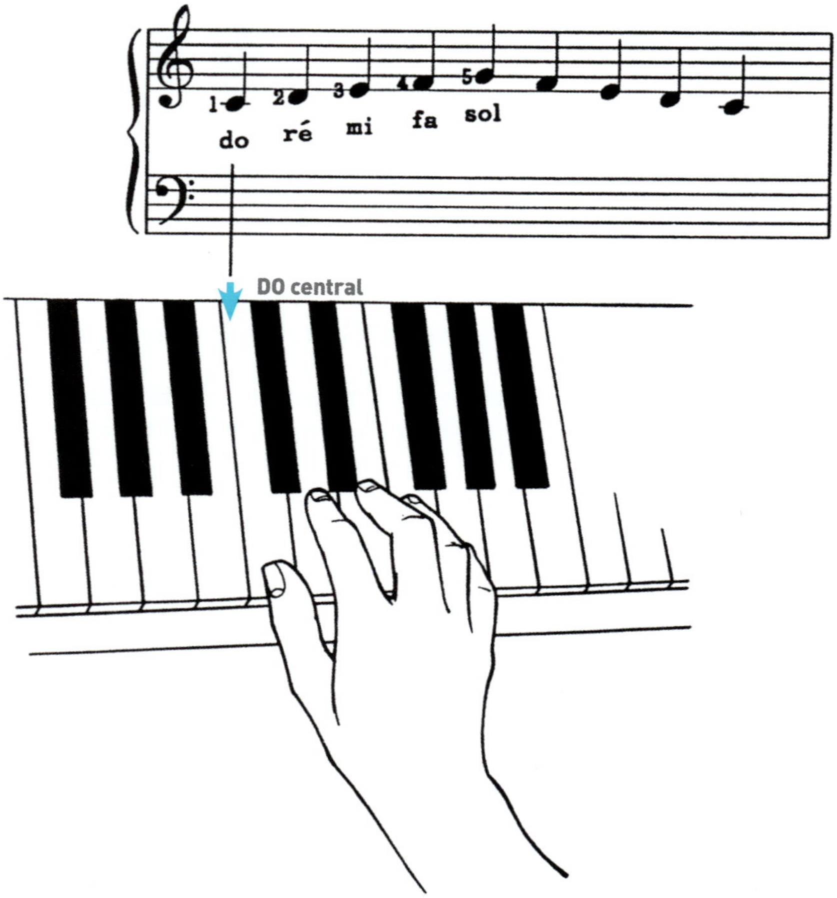

## EXERCICE › Entraîner ses doigts tout en apprenant ses notes

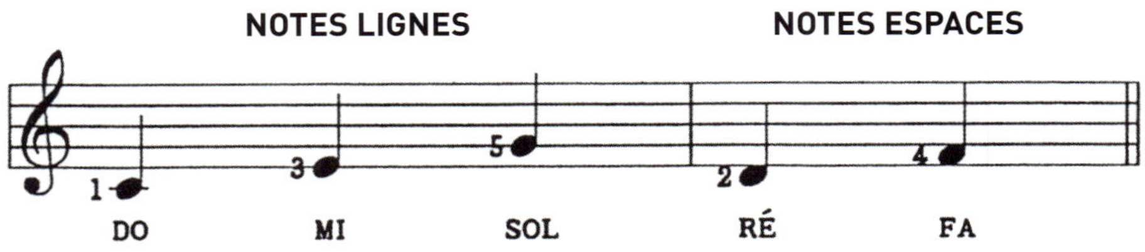


- Placez le pouce de la main droite sur le DO central, comme ceci :

- Jouez les notes indiquées sur les portées ci-dessous en les répétant à voix haute.
- Comparez avec l'enregistrement.

n° 13

n° 14

nº 15

EXERCICE

## MAINTENANT QUE VOUS AVEZ BIEN TRAVAILLÉ, RÉCOMPENSEZ-VOUS EN JOUANT CET AIR CONNU DE BEETHOVEN.

- Récitez d'abord les notes sans les jouer.
- Placez votre pouce sur le DO central et jouez la mélodie.
- Répétez le morceau et comparez avec l'enregistrement.

Hymne à la joie › L. V. Beethoven

# Mémoriser les notes sur la portée

## Voici un petit truc pour mémoriser les notes plus facilement :

Il s'agit de les apprendre en deux séries : les **notes lignes** et les **notes espaces.** Voyons d'abord les notes lignes et les notes espaces de la clé de SOL :

| | | | | | |
|---|---|---|---|---|---|
| NOTES LIGNES : | MI | SOL | SI | RÉ | FA |
| NOTES ESPACES : | FA | LA | DO | MI | |

Voici maintenant les notes lignes et les notes espaces de la clé de FA :

| | | | | | |
|---|---|---|---|---|---|
| NOTES LIGNES : | SOL | SI | RÉ | FA | LA |
| NOTES ESPACES : | LA | DO | MI | SOL | |

## Voici toutes les notes :

Pour apprendre ces séries de notes, il n'y a pas de secret ! Il faut les répéter le plus souvent possible, où que vous soyez. C'est de cette façon que vous finirez par maîtriser le langage du piano. J'ai vu des gens faire des erreurs pour la seule et unique raison qu'ils étaient incapables d'identifier les notes sur une portée.

Voici les notes lignes et les notes espaces ainsi que les touches correspondantes au clavier :

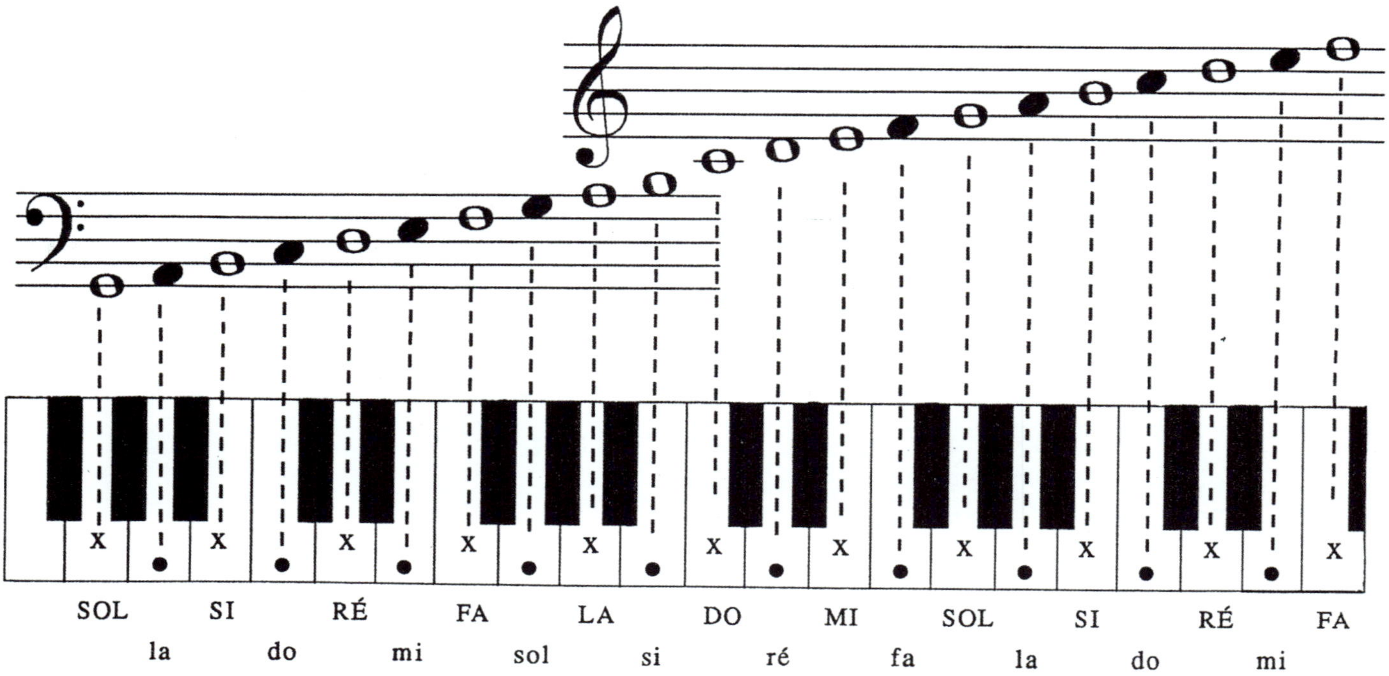

# Chapitre 4

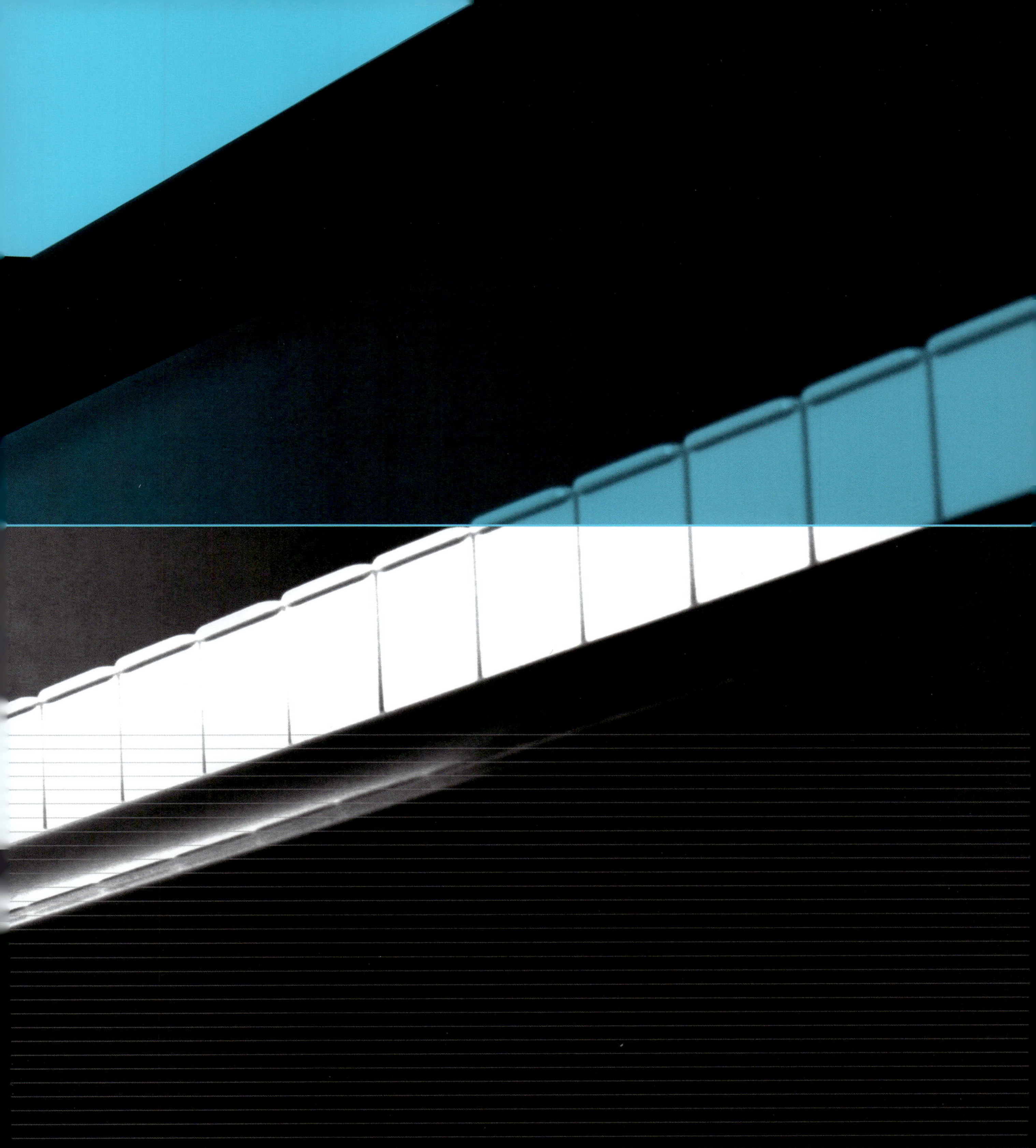

# JOUER EN RYTHME
## TROIS DUOS DE LA MAIN DROITE

### VOUS AVEZ JOUÉ L'*HYMNE À LA JOIE* DE BEETHOVEN. BRAVO !

Avez-vous observé que toutes les notes du morceau devaient être jouées au même rythme ? Il s'agissait en fait de notes que l'on appelle des NOIRES. Une NOIRE vaut 1 temps. Lorsque vous jouez une noire, vous comptez tout simplement « 1 » avant de jouer la suivante. C'est la durée des notes qui vous donne le rythme d'un morceau et cette durée est représentée sur la portée par ce que l'on appelle des « figures de notes ». Voici un tableau qui indique les principales figures de notes ainsi que leur durée.

Il est à noter que La NOIRE sert d'unité de temps pour les autres notes. C'est très facile : La BLANCHE vaut 2 temps, c'est-à-dire deux NOIRES, et la RONDE vaut 4 temps, c'est-à-dire 4 NOIRES.

## La valeur des figures de notes

› **Commençons par les quatre notes les plus simples.**

| NOTE | FIGURE DE NOTE | DURÉE | COMPTAGE |
|---|---|---|---|
| LA NOIRE | ♩ | 1 temps | En jouant la note, comptez 1 |
| LA BLANCHE | 𝅗𝅥 | 2 temps (2 noires) | En jouant la note, comptez 1-2 |
| LA BLANCHE POINTÉE [1] | 𝅗𝅥. | 3 temps (3 noires) | En jouant la note, comptez 1-2-3 |
| LA RONDE | 𝅝 | 4 temps (4 noires) | En jouant la note, comptez 1-2-3-4 |

[1] Notez que le point placé à côté de la blanche augmente sa valeur de moitié.

# Les figures de notes

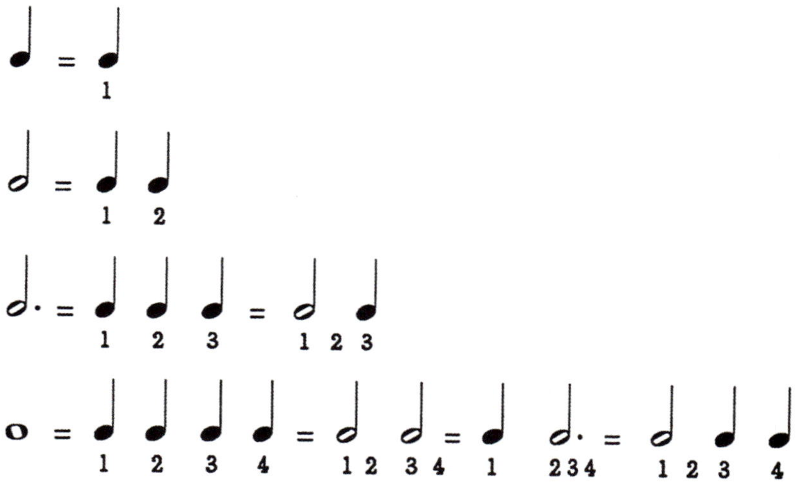


**N. B. :** 1. La BLANCHE POINTÉE est égale à 3 noires ou à 1 blanche plus une noire, et la RONDE est égale à 4 noires, 2 blanches, 1 noire plus 1 blanche pointée, ou encore à 2 noires plus une blanche.

# Les silences

Le SILENCE porte bien son nom, car il indique une interruption du son. Chaque NOTE a un SILENCE correspondant :

1. Le SOUPIR correspond à la NOIRE et indique un silence de 1 temps ;
2. La DEMI-PAUSE correspond à la BLANCHE et indique un silence de 2 temps ;
3. La PAUSE correspond à la RONDE et indique un silence de 4 temps.

**Figures de silence**

SOUPIR DEMI-PAUSE PAUSE

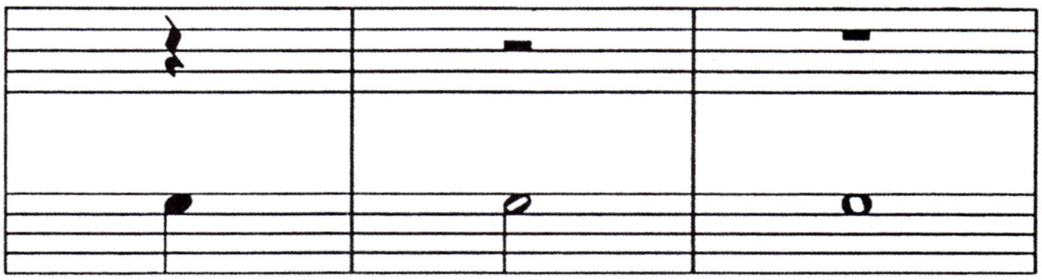

NOIRE BLANCHE RONDE

# Les mesures

Chaque PORTÉE est séparée en sections qu'on appelle MESURES.

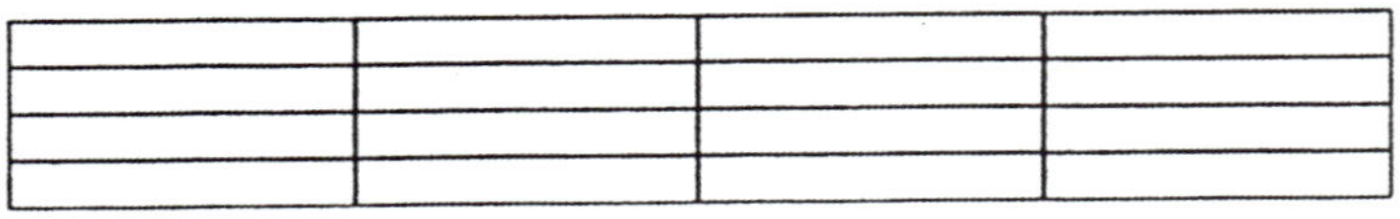

# Le chiffrage

Le compositeur a le choix entre différentes mesures qui ont 4, 3 ou 2 temps. Pour savoir combien il y a de temps dans chaque mesure de la pièce que vous jouez, reportez-vous aux deux chiffres inscrits au début de la portée. Ils constituent ce qu'on appelle la SIGNATURE DE TEMPS ou CHIFFRAGE. Le chiffre du haut indique automatiquement combien il y a de temps dans chaque mesure et le chiffre du bas indique l'unité de temps utilisée dans chaque mesure. Par exemple, le chiffre 4 correspond à la noire. Ainsi, si le chiffrage indique 2/4, il y aura 2 noires ou l'équivalent par mesure, et s'il indique 3/4, il y aura trois noires ou l'équivalent par mesure.

*2 temps*

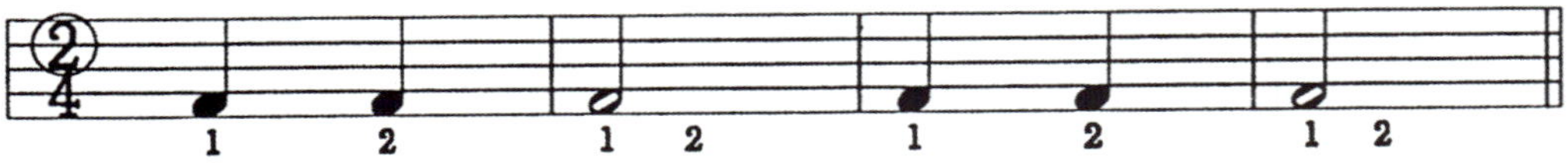


*3 temps*

*4 temps*

nº 16

## EXERCICE

Écoutez sur votre CD les quelques mesures qui servent d'exemple. Ensuite, reprenez le même rythme mais, cette fois-ci, en tapant dans les mains ou en jouant la même note au piano.

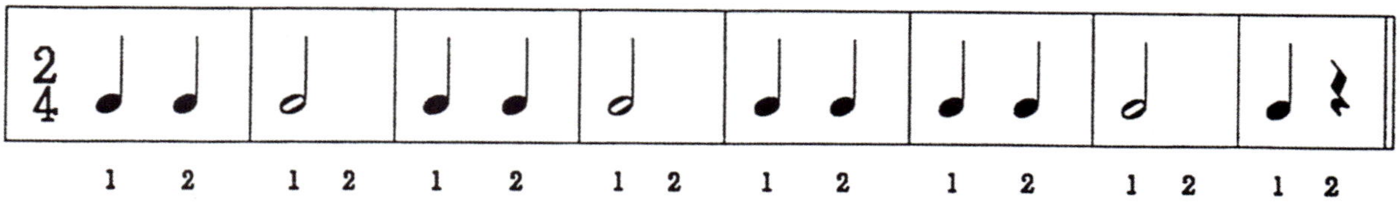


nº 17 a)

## EXERCICE

Maintenant que vous avez saisi la notion de rythme, jouez la pièce suivante, qui reprend le même rythme que précédemment. Vous pourrez ainsi jouer votre première mélodie en y intégrant le rythme. Comparez.

### Étude n° 1 › M. Legros

nº 17 b)

Vous voyez, c'est facile ! J'ai composé un accompagnement pour la mélodie précédente. Sélectionnez la plage 17 b) de votre CD. Comptez avec le métronome 2 mesures complètes, c'est-à-dire 1-2/1-2/, et commencez. ATTENTION ! Il vous sera impossible de me suivre si vous ne comptez pas ! Votre comptage devra correspondre à chaque battement du métronome.

Évidemment, il n'y a pas que les rythmes en 2/4. Il y en a aussi en 3/4 et en 4/4. Il en existe même d'autres plus complexes, mais il n'est pas utile de les connaître pour le moment. Ce qui compte, c'est que vous connaissiez bien les trois rythmes les plus fréquents, soit le 2/4, le 3/4 et le 4/4, c'est-à-dire 2, 3 et 4 temps par mesure. Commencez toujours par regarder le chiffre supérieur. C'est lui qui vous indique la durée de chaque mesure.

Dans un rythme en 3/4, c'est-à-dire 3 temps par mesure, il y a plusieurs combinaisons de notes possibles ; dans une mesure, vous pouvez retrouver soit 3 NOIRES, soit une BLANCHE POINTÉE, soit une NOIRE et une BLANCHE. Et il y a évidemment plusieurs combinaisons possibles avec des CROCHES (voir page 119) et des NOIRES. L'important est que vous saisissiez le principe. Pour vous en assurer, voici une quelques exercices faciles.

## Jouer un rythme en 3/3

Mélodie n° 18 a)
Accompagnement n° 18 b)

### EXERCICE

- **Tapez le rythme de la mélodie en comptant à voix haute.**
- **Jouez la mélodie en récitant les notes.**
- **Jouez et comptez.**
- **Répétez et comparez avec le CD.**
- **Comptez 2 mesures au métronome puis jouez la mélodie en duo avec le CD.**

Étude n° 2 › M. Legros

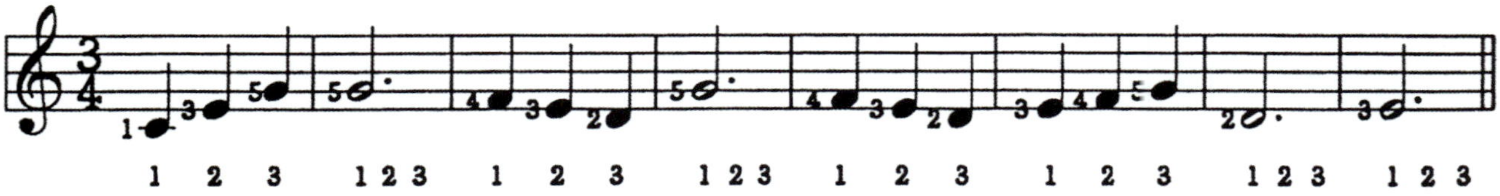

**ATTENTION DE NE PAS CONFONDRE LE COMPTAGE AVEC LE DOIGTÉ !**

# Jouer un rythme en 4/4

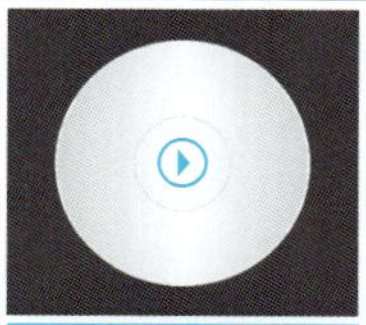

Mélodie n° 19 a)
Accompagnement n° 19 b)

## EXERCICE

- **Tapez le rythme dans vos mains en comptant.**
- **Jouez la mélodie en comptant.**
- **Répétez et comparez avec le CD.**
- **Comptez avec le métronome 2 mesures et jouez en duo avec l'accompagnement sur le CD. N'oubliez pas de compter.**

Étude n° 3 › M. Legros

# Chapitre 5

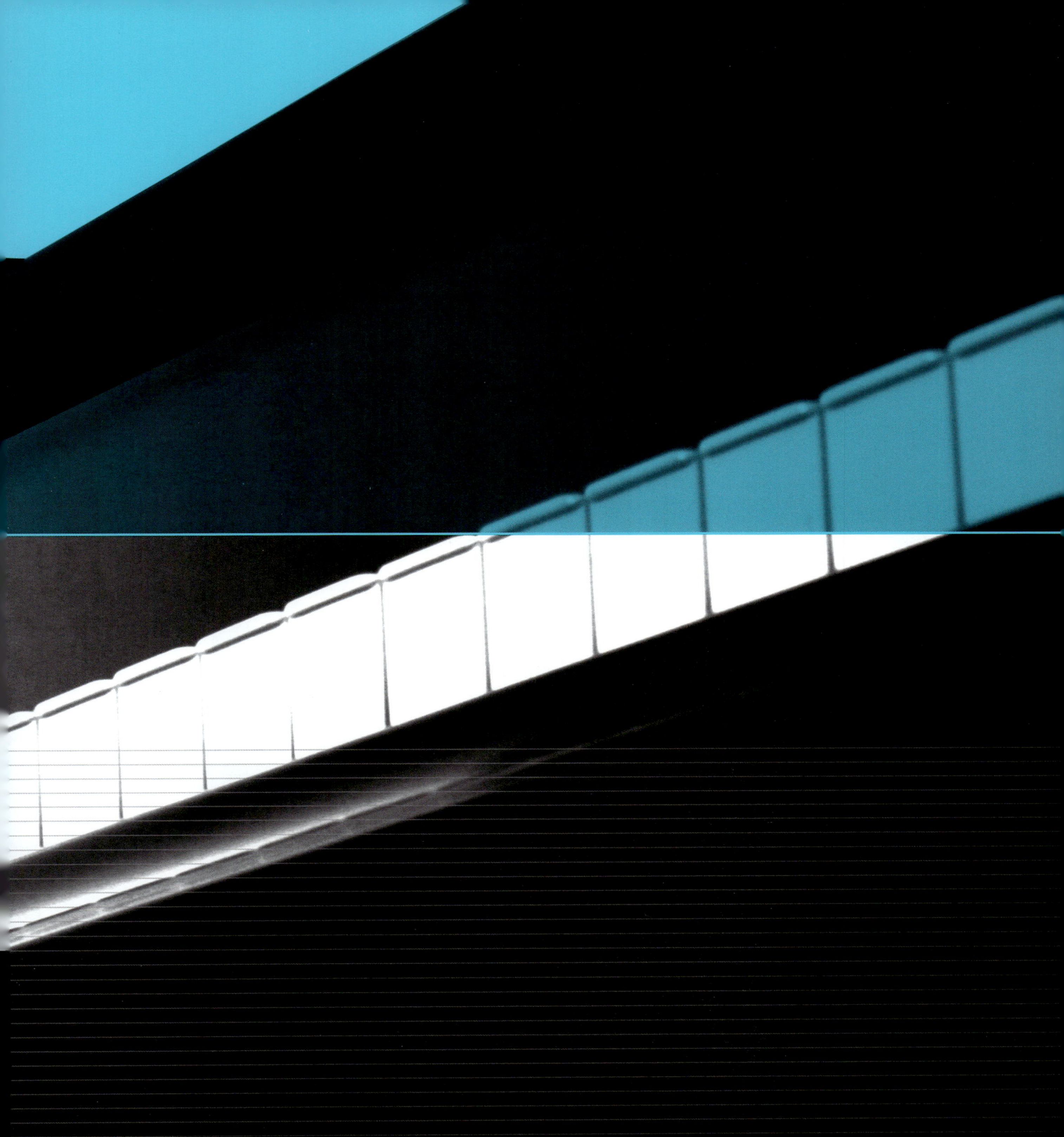

JOUER EN RYTHME

TROIS DUOS DE LA MAIN GAUCHE

Tel que mentionné auparavant, sur une partition, les notes de la main gauche sont écrites sur une autre portée, avec une autre clé : la clé de FA.

Clé de FA :

Les deux points de la clé de FA embrassent la ligne sur laquelle se trouve la note FA, ce qui sert de point de repère. Les notes qui sont au-dessus de la clé de FA sont : SOL, LA, SI, DO.

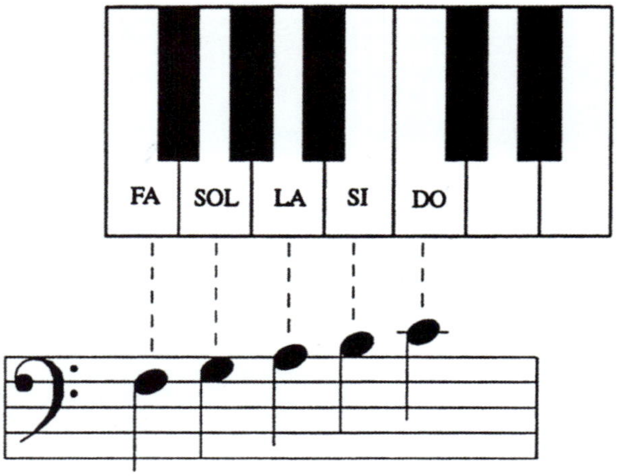


## EXERCICE

## MAINTENANT, À VOTRE CLAVIER !

Placez le pouce gauche sur le DO central. Déposez les doigts sur les bonnes touches et pressez successivement chacune sans bouger la main. Chaque fois que vous vous déplacez, vous risquez de faire une fausse note.

n° 20

EXERCICE

## FAITES L'EXERCICE SUIVANT ET COMPAREZ AVEC LE CD.

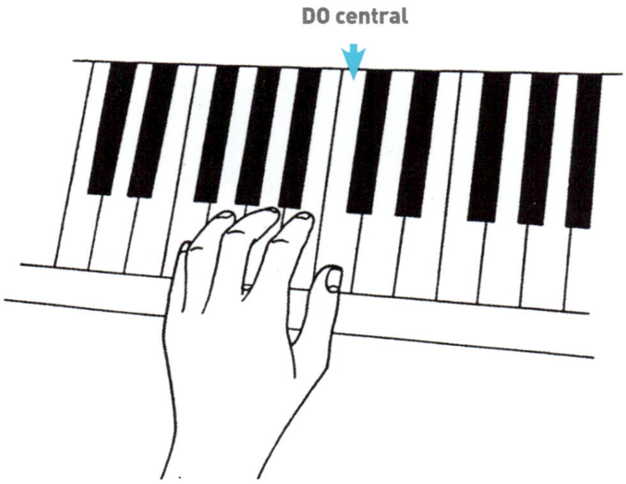


nos 21 et 22

EXERCICE

## AMÉLIOREZ VOTRE DOIGTÉ TOUT EN APPRENANT À LIRE LES NOTES SUR LA PORTÉE.

- Jouez et récitez les notes à voix haute.
- Comparez avec le CD.

n° 21

n° 22

## EXERCICE

### VOICI 2 MÉLODIES. JOUEZ-LES EN SUIVANT CES ÉTAPES :

- **Marquez le rythme en comptant à voix haute ;**
- **Jouez la mélodie en récitant les notes ;**
- **Jouez et comptez pour marquer le rythme ;**
- **Répétez et comparez. Comptez avec le métronome 1 mesure complète pour l'*Étude n° 4* et 2 mesures complètes pour l'*Étude n° 5* et jouez en duo avec le CD.**

Mélodie n° 23 a)
Accompagnement n° 23 b)

Étude n° 4 › M. Legros

Mélodie n° 24 a)
Accompagnement n° 24 b)

Étude n° 5 › M. Legros

EXERCICE

## JOUEZ L'AIR SUIVANT, TIRÉ DES *CONTES D'HOFFMANN*, DE JACQUES OFFENBACH, EN SUIVANT LES ÉTAPES ÉNUMÉRÉES PRÉCÉDEMMENT.

**Pour jouer en duo avec le CD, comptez 2 mesures complètes, puis commencez.**

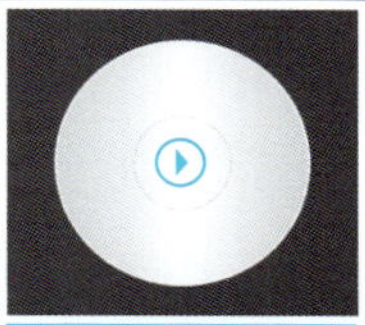
Mélodie n° 25 a)
Accompagnement n° 25 b)

«Barcarolle» › J. Offenbach

A)

B)

## AIDE-MÉMOIRE

- **La position de votre main est-elle correcte ?**
- **Vos phalangettes sont-elles fermes ?**
- **Est-ce que vous maîtrisez bien vos doigts ?**

**Remarque :** Si vous sentez que vos mains sont raides, faites les exercices d'échauffement pour la main gauche (page 76).

# Guide d'apprentissage

Dans les chapitres suivants, les morceaux suggérés contiennent beaucoup plus d'information. Pour vous faciliter la tâche, j'ai préparé un guide d'apprentissage. Il vous montrera les trois étapes essentielles pour bien jouer chaque morceau. Utilisez le modèle indiqué à la page 72 chaque fois vous que vous aborderez un nouveau morceau.

## Première étape

### Le déchiffrage et le lien

Regardez votre partition sans toucher au clavier. Commencez par réciter vos notes à voix haute, comme vous avez appris à le faire dans les premiers chapitres. Cette étape est très importante, car elle vous permettra de mémoriser beaucoup plus facilement votre morceau.

Continuez à réciter les notes à voix haute mais, cette fois-ci, en les jouant et en tenant compte du doigté suggéré. Avant de commencer, posez-vous les questions suivantes : Quelle est la première note ? Quel doigt utiliser ? Ensuite, placez les autres doigts sur les notes appropriées. Vous aurez alors la bonne position des mains pour le morceau.

## Deuxième étape

### Le rythme

Maintenant, rejouez la mélodie mais, cette fois-ci, en comptant. Il est très important de ne pas sauter cette étape, surtout au début. L'expérience m'a appris que la plupart des débutants n'aiment guère compter, croyant qu'ils peuvent s'en tirer sans cela. C'est une erreur. Cette négligence freine leurs progrès.

## Troisième étape

### Perfectionnement

Ne croyez pas que vous progresserez sans vous exercer ! Si vous avez bien accompli les deux premières étapes, cette dernière sera pour vous très agréable, puisque vous récolterez déjà le fruit de votre travail. Cette répétition améliorera votre mémorisation et vous donnera de la souplesse. C'est ici que vos talents de pianiste se révéleront !

Connaissez-vous le dicton : *CHI VA PIANO VA SANO !,* c'est-à-dire, « Qui va lentement va sûrement ! » En musique, c'est en prenant son temps que l'on va le plus vite. De plus, souvenez-vous que le cerveau absorbe mieux la matière à petites doses. Alors, ne travaillez que quelques mesures à la fois.

# Guide d'apprentissage

## Main droite

**Déchiffrage et lien :**

Jouez et récitez les notes à voix haute en utilisant le doigté suggéré. Répétez si nécessaire.

**Rythme :**

Jouez en comptant à voix haute. Répétez si nécessaire.

**Perfectionnement :**

Cernez les mesures qui vous causent des problèmes et perfectionnez-les.

## Main gauche

**Déchiffrage et lien :**

Jouez et récitez les notes à voix haute en utilisant le doigté suggéré. Répétez si nécessaire. Quand vous lisez des accords ou des doubles notes, récitez les notes de bas en haut.

**Rythme :**

Jouez en comptant à voix haute. Répétez si nécessaire.

**Perfectionnement :**

Cernez les mesures qui vous causent des problèmes et perfectionnez-les.

## Les deux mains

**Répétition :**

Lentement, coordonnez les deux mains. Répétez.

**Perfectionnement :**

Cernez les mesures qui vous causent des problèmes et perfectionnez-les.

**Interprétation :**

Jouez avec expression. Comparez avec le CD.

*Découpez ici. Détachez ou photocopiez cette feuille et gardez-la toujours à votre portée*

# Chapitre 6

# LA COORDINATION DES DEUX MAINS

Pour bien coordonner les deux mains au piano, vous devez commencer par maîtriser chaque main séparément. C'est l'une des règles d'or des pianistes.

La main droite (la gauche chez les gauchers) est en général plus sûre et la gauche, plus paresseuse et moins fiable. Elle perd plus facilement le rythme. Il faut donc vous montrer vigilant.

Faites sans plus attendre un exercice où vous devez coordonner les deux mains.

## Exercice d'échauffement

n° 26

Placez vos deux pouces sur le DO central et les autres doigts sur leurs notes respectives. Puis, jouez seulement de la main droite, et ensuite, seulement de la main gauche. Enfin, jouez en coordonnant les deux mains. Les lignes pointillées indiquent que les notes sont jouées simultanément. Écoutez le CD, puis répétez.

Placez vos mains de la façon suivante :

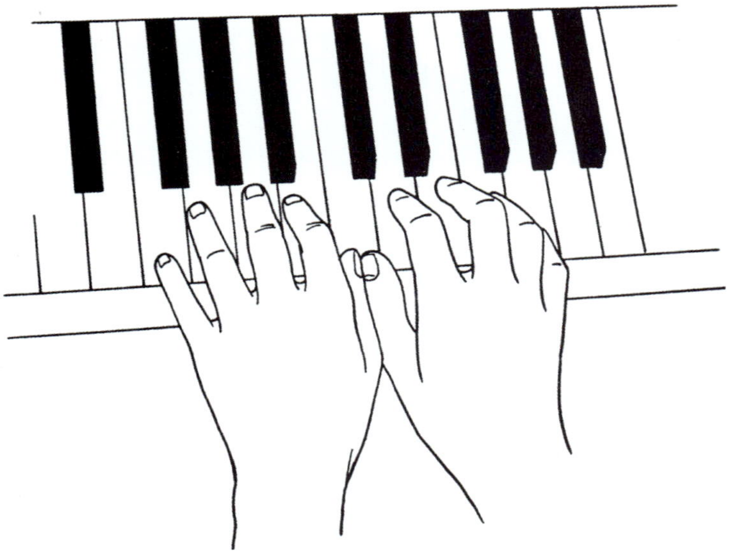

# Articulez

Lorsqu'un comédien fait son apprentissage, son professeur lui demande en général de bien articuler. Il faut faire la même chose lorsque l'on commence à jouer du piano. Qu'est-ce que cela signifie ? Articuler signifie simplement jouer FORT et LENTEMENT. Ainsi, non seulement vous renforcerez vos mains, mais vous mémoriserez plus facilement et plus définitivement le morceau que vous étudiez. Lorsque viendra le moment de jouer plus vite, votre main sera beaucoup plus sûre et votre jeu plus net.

## AIDE-MÉMOIRE

- **Souvenez-vous que vous n'arriverez à rien sans RÉPÉTITION.**
- **Dès que vous avez quelques minutes, asseyez-vous au piano et jouez votre morceau.**

**Remarque :** VOUS ÉPROUVEZ DES DIFFICULTÉS ? Consultez le Répertoire des difficultés, page 207.

## EXERCICE › Étude en miroir

1. Suivez le Guide d'apprentissage, page 72.
2. Position des mains : les pouces sur le DO central.
3. Comptage : 1-2-3/1-2-3.
4. Observation : cette pièce est facile. Profitez-en. Prenez un peu de vitesse !

n° 27

### Étude n° 6 › M. Legros

## EXERCICE

**EXERCEZ-VOUS AU LEGATO EN JOUANT CETTE TRÈS BELLE MÉLODIE. ALLEZ-Y... LIEZ CHAQUE NOTE !**

1. Suivez le Guide d'apprentissage, page 72.
2. Position des mains : les pouces sur le DO central.
3. Comptage : 1-2-3-4. Avec l'accompagnement, comptez deux mesures complètes puis commencez.

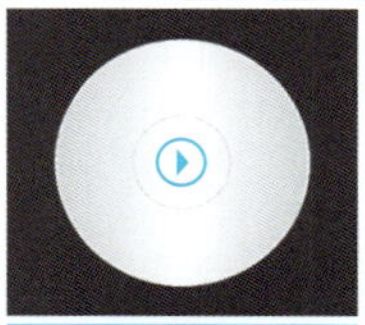

Mélodie n° 28 a) Accompagnement n° 28 b)

### Thème de la Symphonie du nouveau monde › A. Dvorak

# Chapitre 7

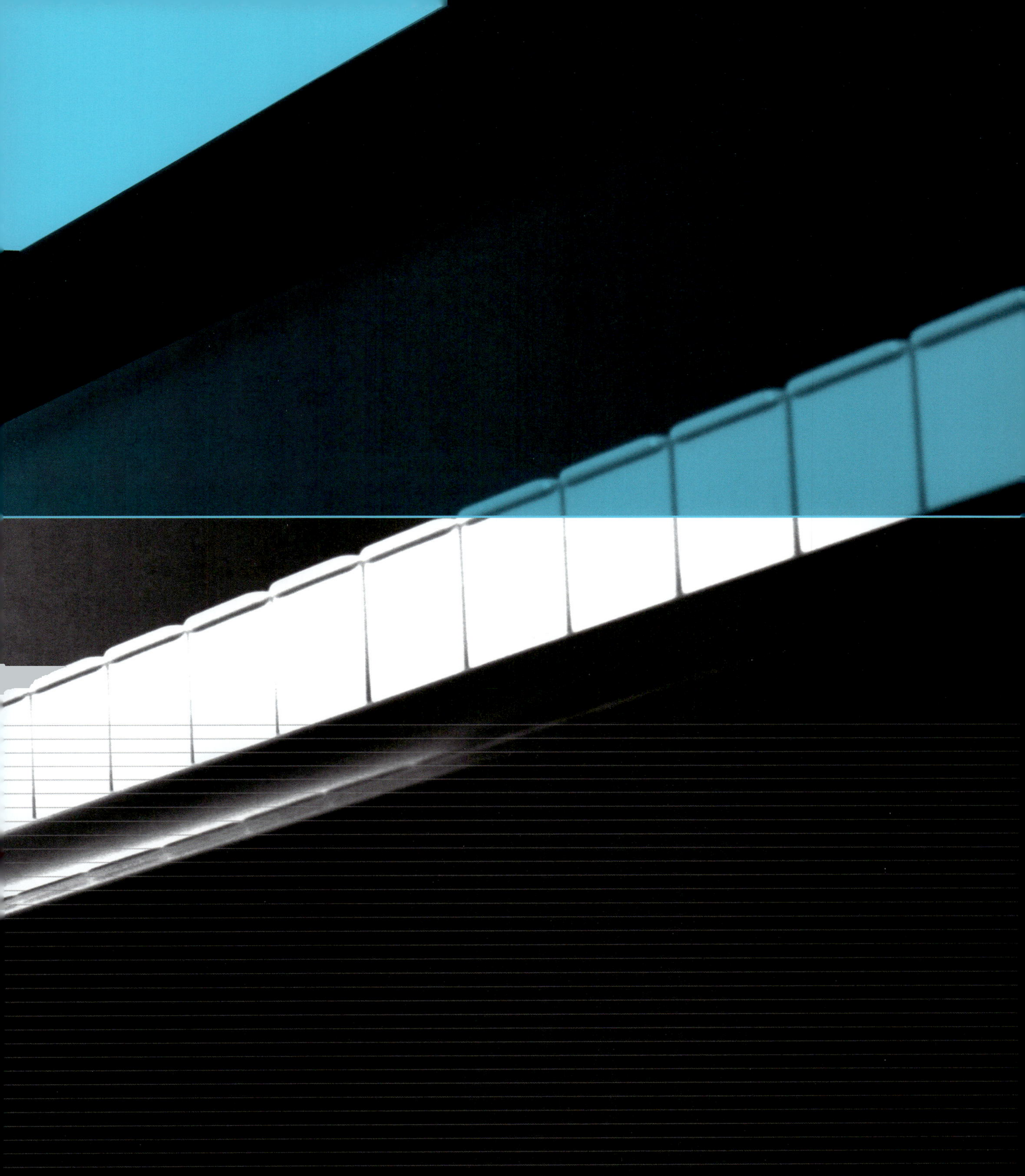

DÉCOUVREZ LA LIAISON

Pour déchiffrer et jouer les prochains morceaux, vous aurez besoin d'une notion très simple et très utile que vous retrouverez souvent : La LIAISON. La LIAISON est une ligne courbe placée entre deux notes identiques qu'elle relie. Elle prolonge la première note de la durée des notes auxquelles elle est reliée.

## Voici un exemple :

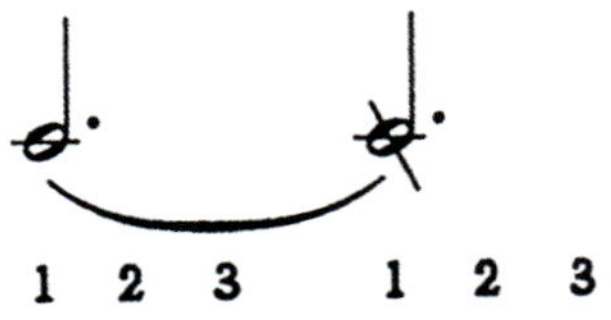


**1** Les notes ont le même son puisqu'il s'agit du DO central. La LIAISON peut donc s'appliquer.

**2** Vous jouez le premier DO et vous gardez la touche enfoncée pendant 2 x 3 temps. VOUS NE JOUEZ PAS LE 2e DO.

## Voici un autre exemple :

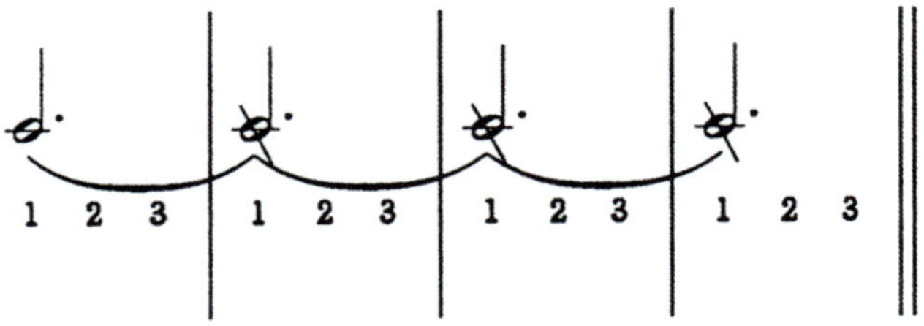


Bref, lorsque vous êtes en présence de notes liées, il ne faut jouer que la première. Pour les autres, gardez la touche enfoncée et comptez jusqu'à ce que la durée de toutes les notes liées soit écoulée.

Pour exécuter les prochaines pièces, il nous faut aborder un autre concept : la note de levée. Il arrive parfois que la première mesure d'une partition ne compte pas le nombre de temps qui est indiqué par le chiffrage au début de la portée. Les temps qui manquent se trouvent alors à la dernière mesure, complétant le nombre de temps indiqués par le chiffrage. Cette note (ou série de notes) s'appelle NOTE DE LEVÉE. Pour compter, vous procéderez alors un peu différemment.

Dans la mélodie qui suit, par exemple, vous compterez : 3-1-2-3. Et lorsque vous jouerez en duo avec le CD, vous compterez avec le métronome 1-2-3/1-2, et vous commencerez seul sur 3 (note de levée).

Pour les prochaines pièces, voici la position des mains :

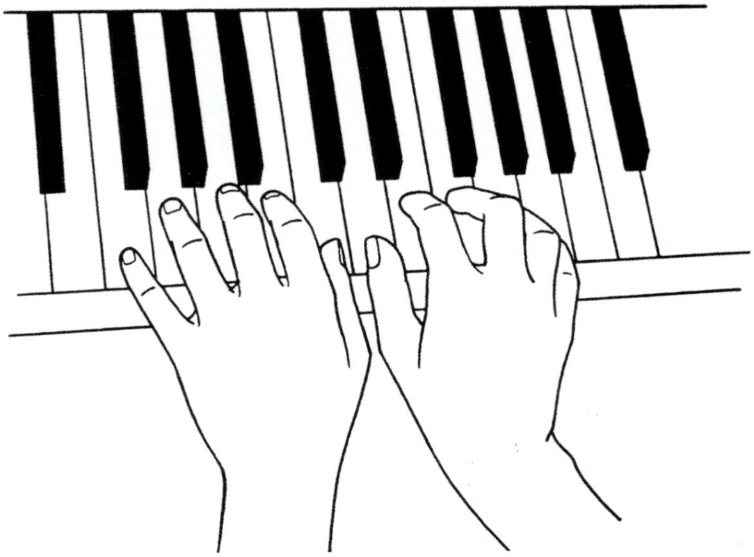

## EXERCICE

1. Suivez le Guide d'apprentissage, page 72.

2. Comptage : vous comptez 1-2-3 en commençant sur le 3e temps.
   Note de levée : 3/1-2-3/1-2-3/, etc.

**OBSERVATION :** ATTENTION ! Le symbole suivant  indique que le 5e doigt jouera une note plus haute que le LA, soit le SI. Prenez garde ! Répétez plusieurs fois cette mesure.

Mélodie n° 29 a)
Accompagnement n° 29 b)

## Nocturne (op. 9 n° 2) › F. Chopin

## EXERCICE

Un concerto est un type bien précis de morceau dans lequel un ou plusieurs instrumentistes ou solistes rivalisent avec l'orchestre. Un des exemples les plus célèbres de ce genre est le fameux *Concerto n° 1 pour piano* du grand compositeur russe Tchaïkovsky. Concentrez-vous sur la mélodie ; vous retrouverez la partie orchestrale (piano) d'accompagnement sur le CD. Cette pièce a un niveau de difficulté plus élevé que les autres, mais persévérez, des pièces plus faciles suivront.

1. Suivez le Guide d'apprentissage, page 72.

2. Comptage : Ce morceau contient beaucoup de liaisons. Alors, préparez-vous à une bonne dose de comptage. Tapez d'abord le rythme dans vos mains. Commencez en comptant 2-3-4 (notes de levée) ; 2-3-4/1-2-3-4/1-2-3-4. N'hésitez pas à inscrire le comptage sur votre partition de musique. Avec l'accompagnement, comptez 1-2-3-4-1 et commencez à 2-3-4. MAESTRO, MUSIQUE !

Mélodie n° 30 a)
Accompagnement n° 30 b)

Concerto pour piano n° 1 › P. Tchaïkovsky

# Chapitre 8

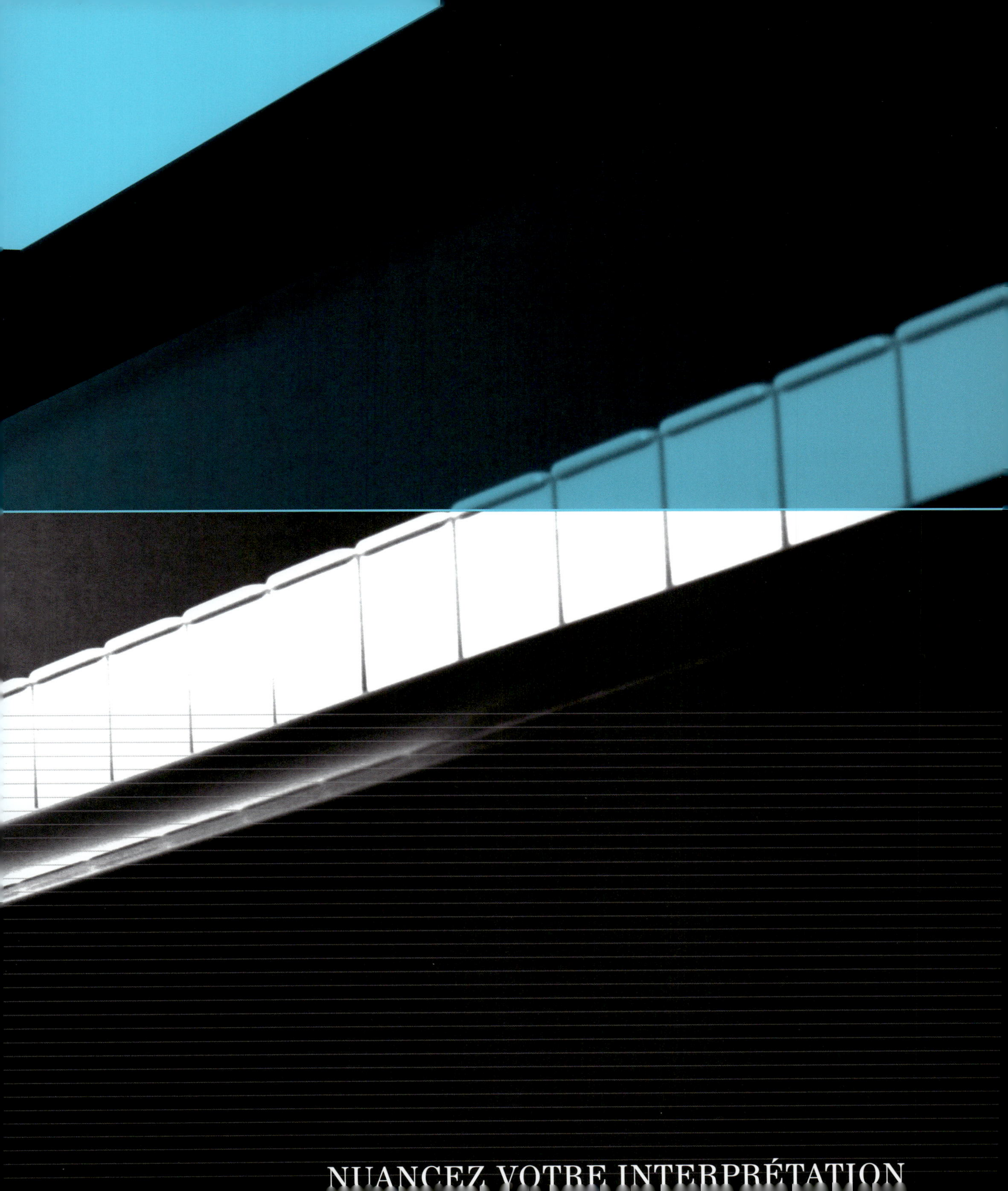
NUANCEZ VOTRE INTERPRÉTATION

# Jouez avec accent

Pour qu'une interprétation soit agréable et vraiment musicale, il ne suffit pas de jouer les notes. Il faut y mettre de l'expression et nuancer son jeu. Nous allons maintenant voir comment. Il y a deux notions qui vous aideront : les ACCENTS et le PHRASÉ.

Un ACCENT est un petit signe comme ceci : › ou comme ceci : – qu'on trouve au-dessus ou en dessous de la note qu'il modifie. Il indique que vous devez jouer cette note avec plus **d'intensité,** c'est-à-dire en appuyant plus fort sur la touche.

# Le phrasé

Les subtilités de l'interprétation sont regroupées sous le nom de PHRASÉ.
Le PHRASÉ est représenté par une ligne courbe au-dessus d'un groupe de notes. Entre ces courbes, il faut « respirer », comme on dit en jargon musical, c'est-à-dire observer une pause très brève.

Le PHRASÉ vous indique également que la série de notes qu'il embrasse forme pour ainsi dire un tout. Chaque phrase musicale, même si elle est très simple, possède sa beauté propre, que vous devez découvrir et restituer.

## EXERCICE

1. Suivez le Guide d'apprentissage, page 72.
2. Position des mains : les pouces sur le DO central.
3. Comptage : comptez 1-2-3, en accentuant les premiers temps de chaque mesure.

n° 31

### Étude n° 7 › M. Legros

## EXERCICE

### Techniques utilisées : la liaison, le phrasé.

1. Suivez le Guide d'apprentissage, page 72.
2. Position des mains : le pouce gauche sur le DO central, le pouce droit sur le RÉ.
3. Comptage : 1-2-3, en accentuant légèrement les premiers temps de chaque mesure. Avec l'accompagnement, vous comptez 2 mesures complètes, puis vous commencez.

**OBSERVATION :** ATTENTION ! Le symbole suivant  indique un changement de doigté. Prenez garde !

Lorsque vous vous sentirez plus à l'aise, commencez à phraser comme je vous l'ai indiqué. Prenez de courtes respirations (pauses) à la fin des courbes de phrasé.

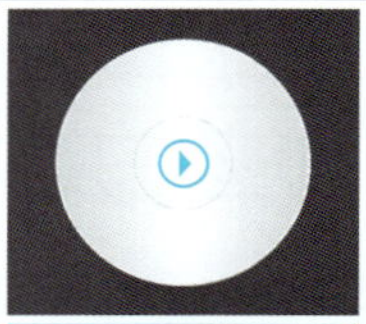

Mélodie n° 32 a)
Accompagnement n° 32 b)

La valse de la veuve joyeuse › F. Lehár

## EXERCICE

### Technique utilisée : le phrasé.

1. Suivez le Guide d'apprentissage, page 72.
2. Comptage : 1-2-3 ; avec l'accompagnement, comptez 2 mesures et commencez.
3. Position des mains : les pouces sur le DO central.

Mélodie n° 33 a)
Accompagnement n° 33 b)

### Une mélodie de Swann › M. Legros

## EXERCICE

### Technique utilisée : le phrasé.

1. Suivez le Guide d'apprentissage, page 72.
2. Comptage : 1-2-3-4.
3. Position des mains : le pouce gauche sur le DO central et le pouce droit sur le RÉ.

n° 34

### Le silence de l'aube › M. Legros

## AIDE-MÉMOIRE

- **Chanter la mélodie contribuera à améliorer votre phrasé.**

**Remarque :** Vous éprouvez des difficultés ? N'oubliez pas le Répertoire des difficultés, page 207 et, surtout, dites-vous bien que la répétition éliminera la plupart de vos erreurs.

# Chapitre 9

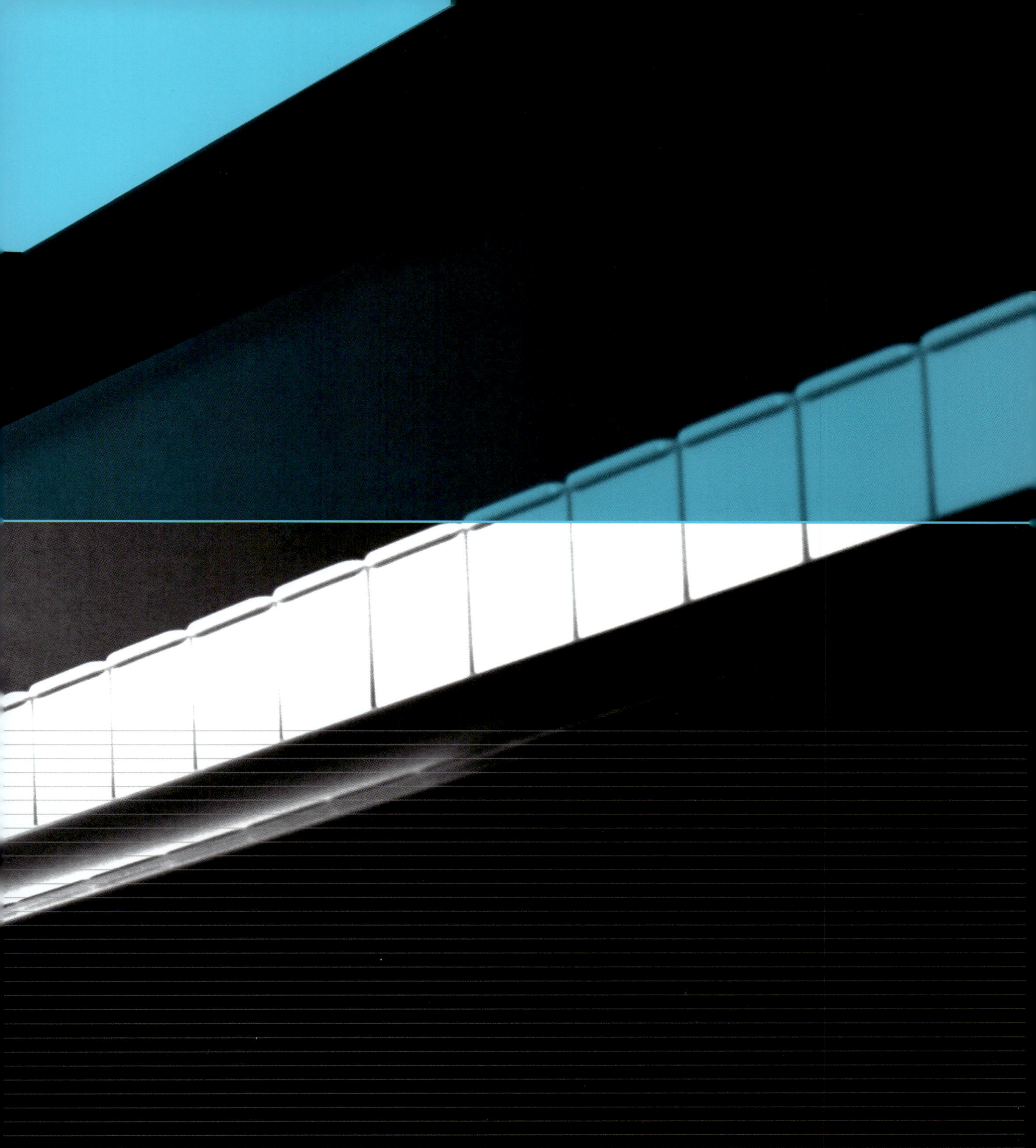

# FAITES LE POINT SUR VOS CONNAISSANCES MUSICALES

Avant d'aller plus loin, il serait bon de revoir la matière couverte jusqu'ici afin de vous assurer que vous maîtrisez bien tout ce que vous avez appris. Si vous identifiez certaines faiblesses, refaites les exercices appropriés.

Ce chapitre résume les notions abordées jusqu'ici et propose des jeux et des exercices qui vous permettront d'évaluer vos connaissances.

# Résumé I

## De la portée au clavier

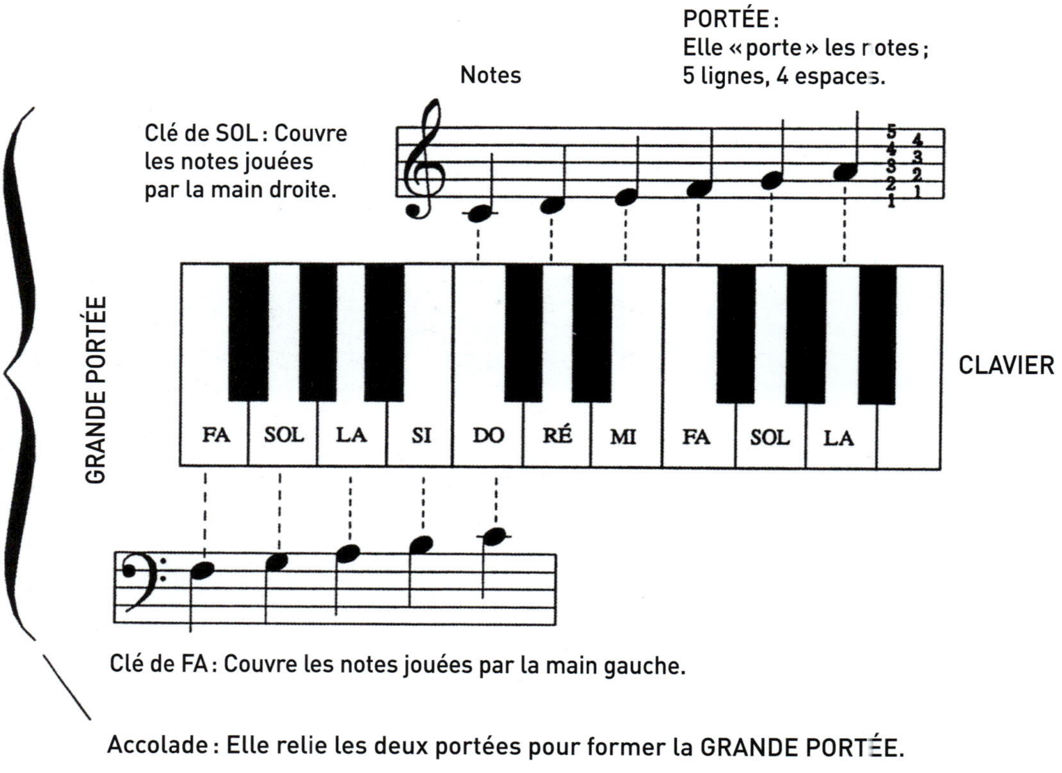

## Les figures de notes

La NOIRE : vous tenez la note 1 temps au clavier.

La BLANCHE : vous tenez la note 2 temps au clavier.

La BLANCHE POINTÉE : vous tenez la note 3 temps au clavier.

La RONDE : vous tenez la note 4 temps au clavier.

# Résumé II

## Les barres de mesure

Les BARRES DE MESURE séparent le morceau en parties égales, formant les mesures.

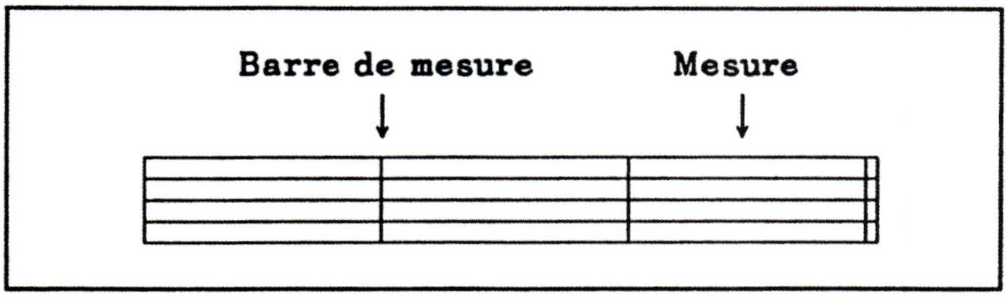


La DOUBLE BARRE indique la fin d'un morceau.

# Le chiffrage

Le CHIFFRAGE indique le nombre de temps par mesure (chiffre du haut) et l'unité de temps (chiffre du bas). Sur la portée ci-dessous, on a 2 NOIRES (ou l'équivalent) par mesure.

Sur la portée ci-dessous, on a TROIS NOIRES (ou l'équivalent) par mesure.

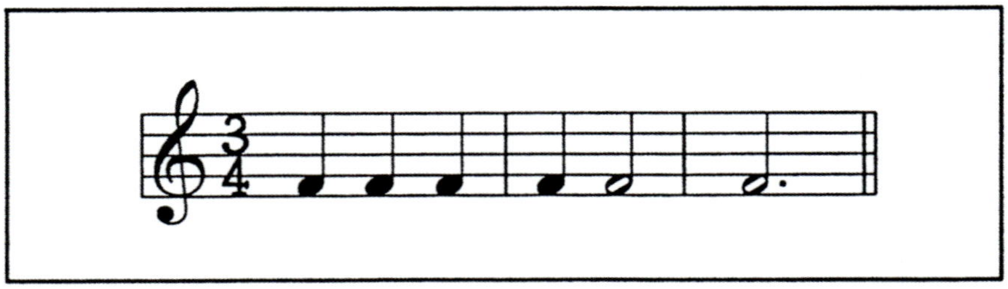

# Jeu d'association

## ASSOCIEZ LES LETTRES AUX CHIFFRES SUIVANTS :

| | | | |
|---|---|---|---|
| 1- Clé de FA | A. |  |
| 2- Blanche pointée | B. |  |
| 3- Portée | C. | 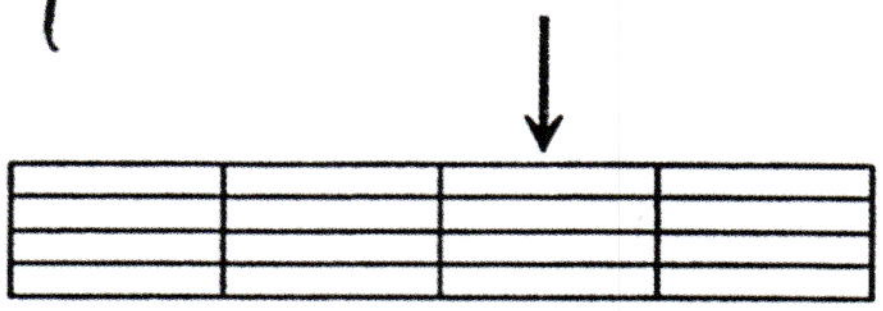 |
| 4- Barres de mesure | D. | 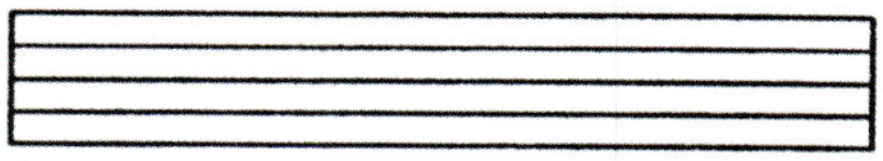 |
| 5- Ronde | E. | $\frac{3}{4}$ |
| 6- Clé de SOL | F. |  |
| 7- Mesures | G. |  |
| 8- Accolade | H. |  |
| 9- Noire | I. |  |
| 10- Chiffrage de mesure | J. |  |

### RÉPONSES

1-H 2-F 3-D 4-I 5-A 6-J 7-C 8-B 9-G 10-E

# Tests de vitesse

**Test n° 1**

**RÉCITEZ LES NOTES DE LA CLÉ DE SOL (MAIN DROITE) À VOIX HAUTE, LE PLUS VITE POSSIBLE. DITES LA NOTE SEULEMENT SI VOUS ÊTES CERTAIN DE SON NOM. ALLEZ-Y, TOP CHRONO !**

Votre temps : __________ secondes.

**Test n° 2**

**VOICI LE MÊME EXERCICE, MAIS CETTE FOIS POUR LA CLÉ DE FA (MAIN GAUCHE). ALLEZ-Y, TOP CHRONO !**

Votre temps : __________ secondes.

**Test n° 3**

**FAITES LE MÊME EXERCICE ; LES NOTES ALTERNENT DE LA CLÉ DE SOL (MAIN DROITE) À LA CLÉ DE FA (MAIN GAUCHE). ALLEZ-Y, TOP CHRONO !**

Votre temps : __________ secondes.

Test n° 4

## PLACEZ LES POUCES SUR LE DO CENTRAL ET JOUEZ LES NOTES SUIVANTES LE PLUS VITE POSSIBLE. ASSUREZ-VOUS DE JOUER LES BONNES NOTES. ALLEZ-Y, TOP CHRONO !

Votre temps : __________ secondes.

## RÉSULTATS

Si vous avez trouvé toutes les notes en 10 secondes ou moins, vous excellez. Votre lecture est très rapide. Vous avez fait du bon travail. Vous pouvez maintenant lire beaucoup de musique en peu de temps.

Si vous avez trouvé les notes en 20 secondes ou moins, vous êtes rapide. Votre résultat démontre une très bonne compréhension des notes. Continuez !

En 30 secondes ou moins, vous êtes dans la moyenne. Vous savez certainement bien vos notes, mais vous êtes un peu lent. Essayez d'augmenter votre vitesse de lecture. Vous y gagnerez.

Ceux qui réussissent en 40 secondes ou moins sont sûrement ceux qui n'ont pas envie de faire ce test. Vous aimez jouer, mais à votre propre rythme. C'est bien, mais n'oubliez pas que plus vite cette étape sera franchie, mieux vous jouerez. Persévérez.

# Deuxième partie

# Chapitre 10

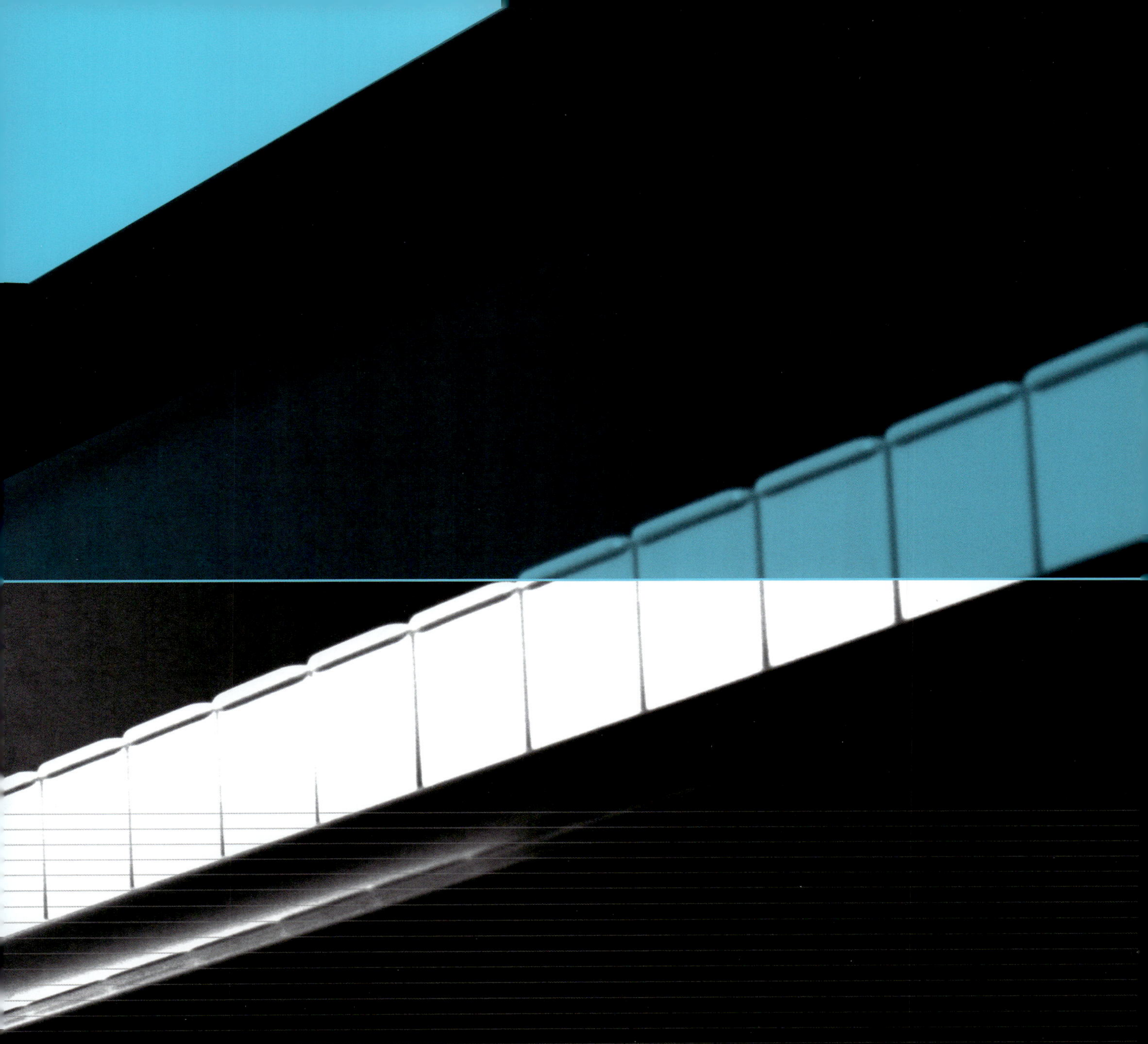

# UNE NOUVELLE POSITION POUR LA MAIN GAUCHE

Grâce à cette nouvelle position des mains, vous vous familiariserez avec trois nouvelles notes dans la clé de FA : DO, RÉ, MI.

## EXERCICE

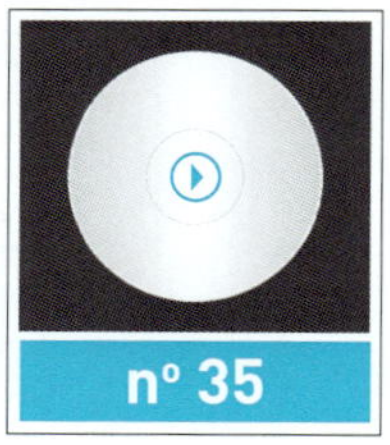


**OBSERVATION** : Les doigts de vos deux mains sont habitués à jouer simultanément. Ils voudront continuer ainsi. Il vous faudra les discipliner. N'OUBLIEZ PAS QUE C'EST VOTRE CERVEAU QUI COMMANDE !

› **Faites d'abord ces exercices chaque main séparément, puis les deux mains ensemble.**

n° 36

EXERCICE

## VOICI LE MYSTÉRIEUX *DIES IRAE*, UNE MÉLODIE QUI A CONNU À TRAVERS LES ÂGES UNE FORTUNE ÉTONNANTE.

Elle fut composée par un musicien… inconnu ! Et pourtant, cela ne l'a pas empêchée de fasciner nombre de musiciens de génie à travers les siècles ! En effet, elle a retenu l'attention de Berlioz, qui l'a utilisée comme thème de la *Symphonie Fantastique.* Ce morceau vous permettra d'utiliser les nouvelles notes que vous avez apprises.

1. Suivez le Guide d'apprentissage, page 72.
2. Position des mains : voir illustration de la page 106.
3. Comptage : 1-2-3-4.

n° 37

Dies Irae

# Chapitre 11

# METTEZ-VOUS « D'ACCORD »

## VOUS ÊTES MAINTENANT ARRIVÉ À UNE ÉTAPE TRÈS AGRÉABLE DE VOTRE APPRENTISSAGE.

Jusqu'à maintenant, vous n'avez joué que des notes séparées, mais parfois – très souvent même –, la main doit jouer plus d'une note à la fois. C'est ce qu'on appelle un ACCORD. L'effet sonore que produit le son simultané de trois notes ravit tous les musiciens et, bien sûr, leurs admirateurs !

Un ACCORD est tout simplement une superposition de trois notes (ou plus), jouées simultanément.

En général, le rôle d'un ACCORD est de soutenir la mélodie, donc de l'accompagner. C'est la raison pour laquelle les accords sont souvent joués de la main gauche.

### VOICI TROIS ACCORDS IMPORTANTS. Profitez-en pour travailler votre main gauche tout en vous habituant à bien les lire.

**1** Ces ACCORDS sont bâtis sur trois notes de la gamme de DO majeur.

**2** Il s'agit de DO, FA et SOL. Ces notes représentent les premier, quatrième et cinquième degrés de la gamme. En écriture musicale, on les note en chiffres romains.

| DO | FA | SOL |
|---|---|---|
| I | IV | V |

**3** À partir de ces degrés, les ACCORDS sont construits en superposant des tierces (intervalles de trois notes).

EX. :

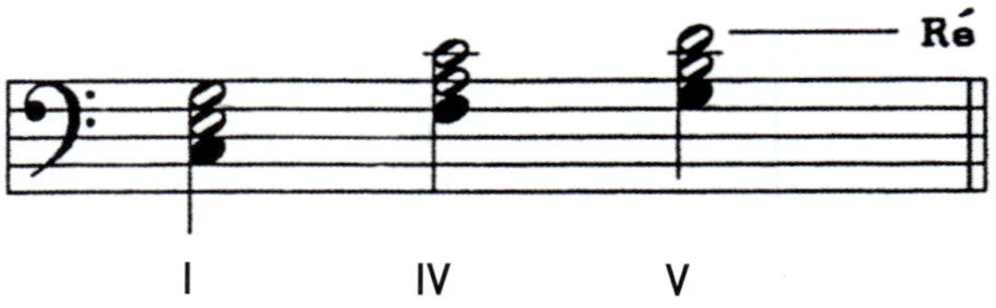

Notez que, dans cette méthode, vous retrouverez les mêmes notes, mais placées différemment dans les accords afin d'éviter que les mains se déplacent trop. **C'est ce qu'on appelle un « renversement d'accord ».** Les accords suivants sont toujours constitués des mêmes degrés I -IV –V, mais les notes sont placées différemment.

## Voici donc les trois accords que vous utiliserez dans vos prochaines pièces. Cette étape est très excitante. Amusez-vous !

**1** Le premier accord reste le même :

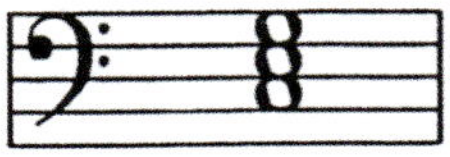

**2** De l'accord du IV$^{e}$ degré, le DO est inversé :

**3** La transformation du V$^{e}$ degré est un peu plus compliquée, mais vous verrez comment cet accord vous charmera. D'abord, une autre note a été ajoutée, formant ainsi un accord à 4 sons que l'on appelle un accord de septième (V$^{7}$). **De cet accord, 3 notes seront retenues et inversées (à droite).**

V$^{7}$

## Les trois nouveaux accords et leur position sur le clavier

Do Mi Sol

Do Fa La

Ré Fa Sol

## Exercice

› **Jouez ces accords, car ils reviendront dans la plupart de vos prochaines pièces.**

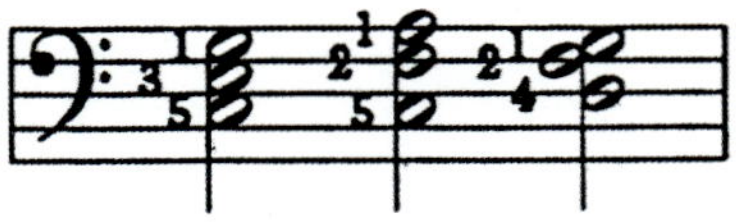

**nº 38**

## EXERCICE › Les accords

### Techniques utilisées : la liaison, les accords.

1. Suivez le Guide d'apprentissage, page 72.
2. Position des mains : voir illustration page 106.
3. Comptage : 1-2-3-4.

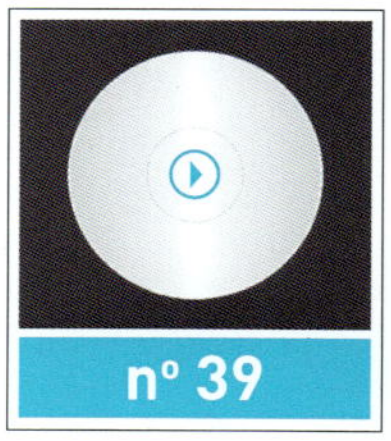


Première neige › M. Legros

# Les reprises

Les compositeurs indiquent la répétition de thèmes dans une pièce musicale par divers SYMBOLES DE REPRISE, afin de pas allonger inutilement leur partition. Il en existe plusieurs :

1. LES POINTS DE REPRISE sont indiqués par une double barre précédée ou suivie de deux points. Si la barre est **précédée** de deux points, il faut répéter la partie qui **précède**. Si elle est **suivie** de deux points, il faut répéter la partie qui **suit** ;
2. Les lettres *D.C.*, une abréviation du terme italien *DA CAPO* qui signifie « de la tête », indiquent que vous devez répéter la pièce à partir du début ;
3. Le terme italien, *FINE*, qui veut dire « fin », indique la fin du morceau après, bien sur, les séquences de reprises.

## EXERCICE › Les points de reprise

Dans le morceau suivant, vous rencontrez des POINTS DE REPRISE. Jouez les mesures jusqu'aux points de reprise, puis rejouez le morceau du début à la fin, cette fois sans tenir compte de ces points. Le *D. C.* (*Da Capo*) que l'on voit à la fin du morceau indique qu'il faut rejouer la pièce à partir du début, jusqu'au symbole *fine* (fin) que l'on voit à la fin de la première ligne. Écoutez attentivement la plage n° 40 sur votre CD afin de bien comprendre.

1. Suivez le Guide d'apprentissage, page 72. Le thème joué par la main droite sera repris dans différents chapitres et variera selon la nouvelle technique utilisée.
2. Position des mains : voir illustration page 106.
3. Comptage : 1-2.

Attention au doigté dans les mesures marquées par le symbole ☞ . Vous utiliserez deux doigts différents pour les mêmes notes.

n° 40

### Ah ! vous dirais-je, maman › W. A. Mozart

# Les accords détachés

## EXERCICE

**LES ACCORDS DÉTACHÉS** sont tout simplement des accords que l'on joue en deux parties.

1. Suivez le Guide d'apprentissage, page 72.
2. Position des mains : voir illustration page 106.
3. Comptage : 1-2-3-4.

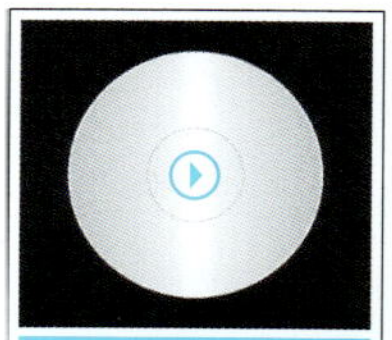

n° 41

### Vive le vent

# Chapitre 12

Nous allons maintenant découvrir la croche, une unité de temps qui vaut un demi-temps. Il faut donc deux croches pour égaler une noire.

La croche s'écrit comme suit : 

Deux croches jouées ensemble sont reliées par un trait : 

- **Écoutez la plage n° 42 de votre CD et comparez les croches aux noires. (Les noires sont jouées au métronome et les croches, au piano.)**

Pour compter les croches, vous devez ajouter le mot « ET » à chaque temps principal. Le « ET » est représenté par le signe « + » dans cette méthode.

## EXERCICE

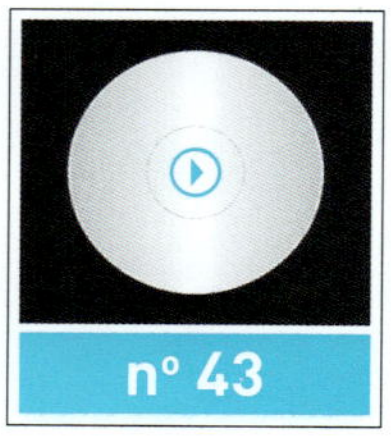


### Voici un exemple de rythme en 2/4.

- **Écoutez d'abord votre CD.**
- **Ensuite, scandez le rythme suivant soit en jouant la même note au piano, soit en tapant dans vos mains. N'oubliez surtout pas de compter !**

# Tableau des figures de notes

Afin d'obtenir un bon équilibre dans votre comptage, le mot « ET » ou encore le signe « + » est ajouté à TOUTES LES FIGURES DE NOTES.

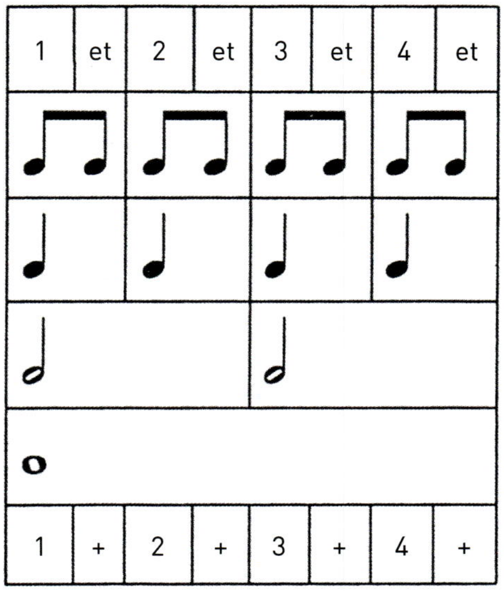


## EXERCICE

nº 44

Maintenant que vous avez maîtrisé ce rythme contenant des croches, voyez ce que vous pouvez faire en le reprenant tel quel, mais, cette fois, en vous déplaçant sur la portée. Vous serez agréablement surpris de voir que vous maîtrisez déjà le rythme de la vieille chanson française *Sur le pont d'Avignon.* Placez les mains en position, les pouces sur le DO central. En gardant en tête le rythme des deux CROCHES que nous venons de voir, jouez le morceau suivant :

### Sur le pont d'Avignon › Folklore français

**J'AI PRÉPARÉ UNE SÉRIE D'EXERCICES RYTHMIQUES SUR LES CROCHES. VOUS VERREZ QU'APRÈS AVOIR MAÎTRISÉ CES RYTHMES, LES CROCHES SERONT AUSSI FACILES À JOUER QUE LES NOIRES. ALLEZ-Y !**

## EXERCICE

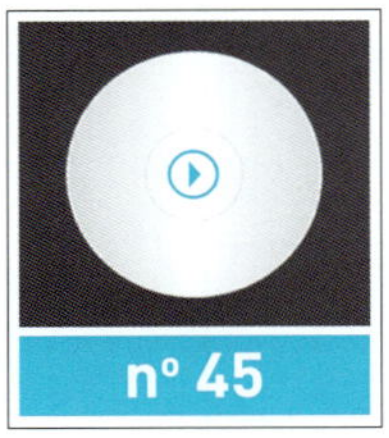


En jouant une seule note au clavier et en comptant à voix haute, faites les exercices rythmiques ci-dessous.

Si des problèmes persistent après cette série d'exercices, recommencez mais, cette fois-ci, en vous accompagnant du CD.

EXERCICE

## ESSAYEZ MAINTENANT LA PREMIÈRE VARIATION DE MOZART.

### Techniques utilisées : les croches, le phrasé, les accords détachés en deux parties, la reprise.

1. Suivez le Guide d'apprentissage, page 72.
2. Position des mains : voir illustration page 106.
3. Comptage : 1 et 2 et.

**OBSERVATION :** jouez plus fort de la main droite. Imaginez que les doigts de la main gauche sont très légers. Lorsque vous rencontrez ce symbole,  attention au doigté !

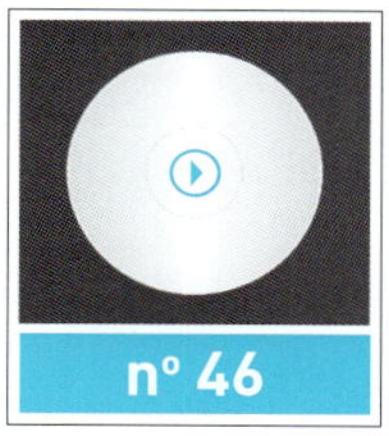


Variation n° 1 › W. A. Mozart

## EXERCICE

## PERFECTIONNEZ VOTRE RYTHME.

### Techniques utilisées : les croches, les silences, les accents.

1. Suivez le Guide d'apprentissage, page 72.
2. Position des mains : le pouce gauche sur le DO central et le pouce droit sur le RÉ.
3. Comptage : 1 et 2 et 3 et ; avec l'accompagnement, comptez 2 mesures complètes et commencez.

**OBSERVATION :** dans les mesures 1, 2, 5 et 6, les troisièmes temps sont des silences. Vous devez les compter.

La valse du coucou › J. E. Jonasson

Pour clore ce chapitre, voici un célèbre morceau de Mozart. Vous y rencontrerez non seulement des croches, mais encore plusieurs notions que nous venons de voir.

Mais avant que vous ne preniez place à votre piano, notez que le morceau suivant fait appel à l'art de l'interprétation, si important. Mon maître, Paul Loyonnet, disait souvent qu'interpréter, c'est « RECHERCHER LE RÊVE DU COMPOSITEUR ».

## EXERCICE

**ESSAYEZ DONC DE VOUS REPLONGER DANS LE CLIMAT DE L'ÉPOQUE ET DANS LA MENTALITÉ DE MOZART. POUR VOUS AIDER, ÉCOUTEZ BIEN LE CD ET IMITEZ LE STYLE UN PEU « BONDISSANT » ET ESPIÈGLE DE *DON GIOVANNI*.**

### Techniques utilisées : les croches, le phrasé, les accords détachés.

1. Suivez le Guide d'apprentissage, page 72.
2. Position des mains : main droite, le pouce sur LA ; main gauche, le pouce sur SOL. Ce morceau couvre maintenant 3 nouvelles notes de la main droite : DO-RÉ-MI à l'octave.
3. Comptage : 1 et 2 et 3 et 4 et.

**OBSERVATION :** attention au changement de doigté à la mesure 7. Et à la mesure 4, vous devrez glisser le pouce sur SOL ; gare au LA !

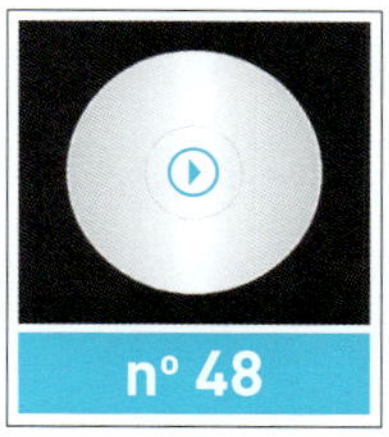


Air de Don Giovanni › W. A. Mozart

# Chapitre 13

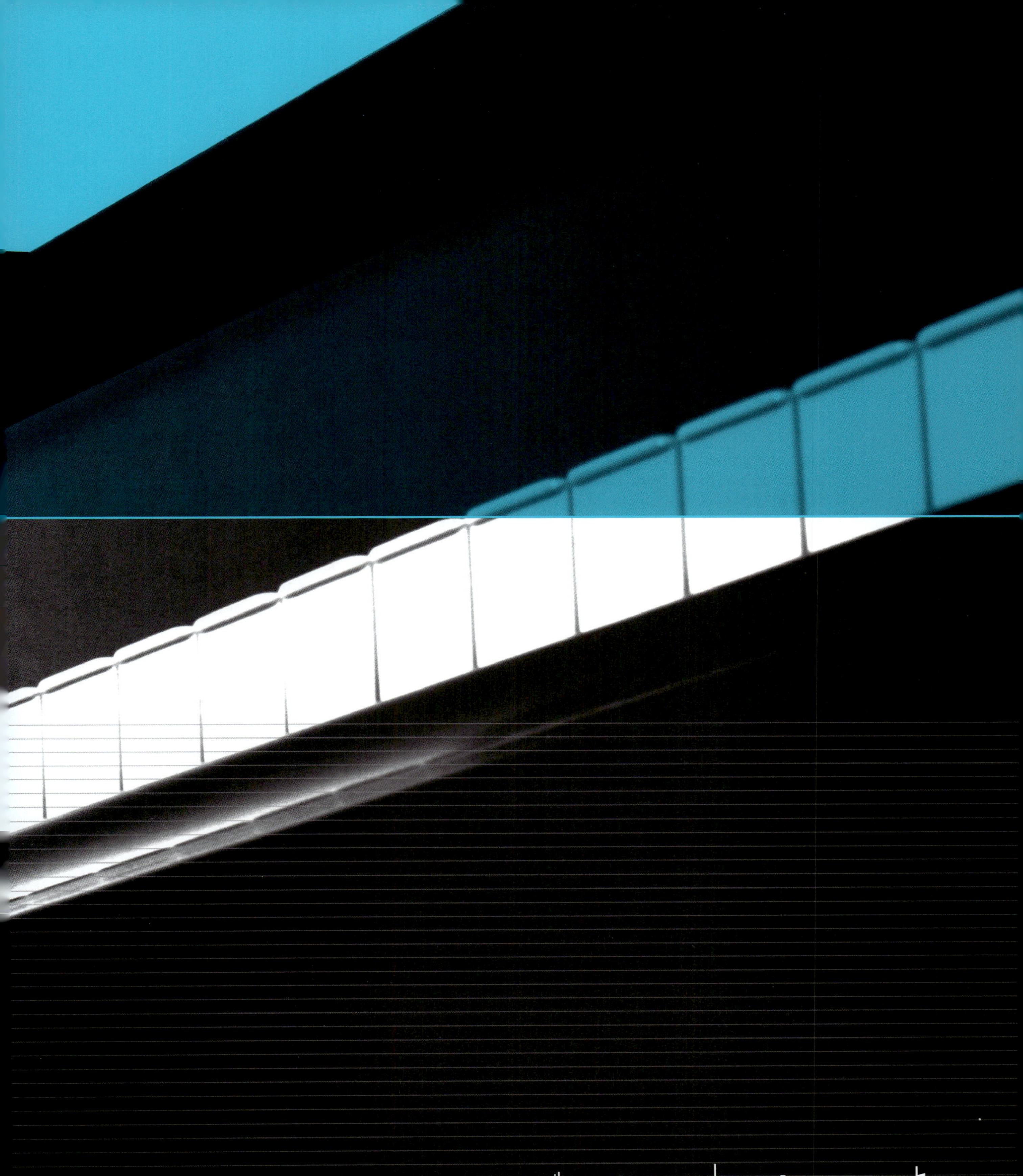

# DIÈSE ♯, BÉMOL ♭, BÉCARRE ♮

Voyons maintenant comment raffiner votre écriture et votre lecture musicales. Les trois signes DIÈSE (♯), BÉMOL (♭) et BÉCARRE (♮) sont ce qu'on appelle des « signes d'altération ». Pour simplifier, on peut dire que ces signes correspondent aux touches noires de votre clavier. En effet, vous avez remarqué que, depuis le début, nous avons joué tous les morceaux sur les touches blanches. Et comme vous vous en doutez bien, les touches noires ne jouent pas un rôle purement décoratif !

Ce sont en fait sur les touches noires qu'on retrouve les dièses et les bémols. On appelle ces notes « DO dièse », « SI bémol », etc. Sur une partition, elles sont identifiées par un signe accolé à la note : ♯ (dièse) ou ♭ (bémol).

Pour comprendre les altérations (dièse, bémol et bécarre), il nous faut aborder la notion de ton et de demi-ton. La musique que nous jouons en Occident est dite TONALE, c'est-à-dire qu'elle utilise des TONS et des DEMI-TONS. La musique indienne, par exemple, possède aussi des QUARTS DE TON.

Le DEMI-TON représente la plus petite distance entre deux notes, par exemple, entre le DO et le DO dièse. Regardez sur votre clavier. La note qui vient immédiatement après le DO est la note noire qu'on appelle « DO dièse ». Il n'y a pas d'autres notes entre les deux. Il n'y a donc qu'un DEMI-TON entre les deux. Par contre, entre le même DO et le RÉ, il y a le DO dièse. Le DO et le RÉ sont séparés par un TON. Il n'est pas nécessaire d'apprendre cela par cœur. Ce qui compte pour comprendre les altérations, c'est de savoir que :

**1** Le **DIÈSE** augmente la note qu'il affecte d'un DEMI-TON.

DO dièse

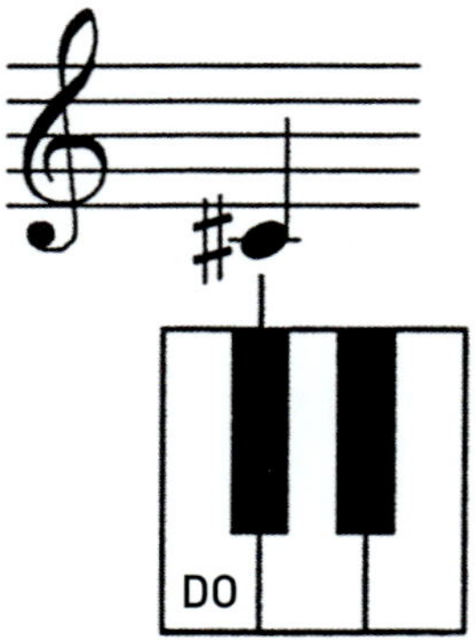


La hauteur est différente, mais le nom de la note demeure le même.

› **Trouvez sur votre clavier les notes suivantes :**

DO♯ RÉ♯ FA♯ SOL♯ LA♯

› **Notez que MI♯ devient FA et que SI♯ devient DO.**

**2** Le **BÉMOL** fait pour ainsi dire le contraire : il diminue la note qu'il affecte d'un DEMI-TON.

Mi bémol

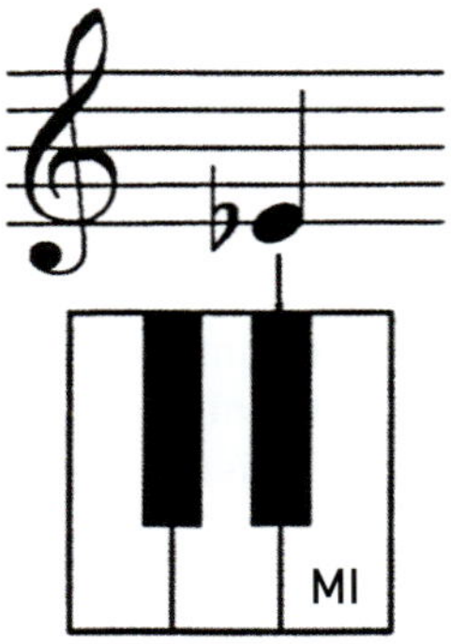


Le principe est le même sauf que, cette fois, vous appuyez sur la touche à gauche de la note correspondante.

› **Trouvez sur votre clavier les notes suivantes :**

RÉ♭ MI♭ SOL♭ LA♭ SI♭

› **Notez que DO bémol devient SI, et FA bémol devient MI.**

**3** Le **BÉCARRE**, pour sa part, **annule** l'effet du DIÈSE ou du BÉMOL dans le reste de la mesure : vous revenez alors à la note naturelle.

Pourquoi le bécarre est-il nécessaire ? Pour deux raisons. D'abord, parce qu'il y a une convention qui veut qu'un DIÈSE ou un BÉMOL placé devant une note affecte toutes les mêmes notes d'une mesure. Par exemple, si vous avez deux DO dans la même mesure et qu'il y a un DIÈSE devant le premier DO, vous devez diéser le second DO, même si le symbole n'est pas accolé à la note.

Quand une note est altérée et revient dans une mesure, il faut l'altérer chaque fois qu'elle apparaît par la suite dans cette même mesure.

Ensuite, sachez que, dans certains morceaux, des altérations sont placées d'office à la clé, c'est-à-dire au début, près de la clé de SOL ou de la clé de FA. Si, par exemple, la ligne de FA porte un dièse, tous les FA que vous retrouverez dans le morceau seront automatiquement diésés, à moins justement qu'ils ne soient précédés d'un BÉCARRE.

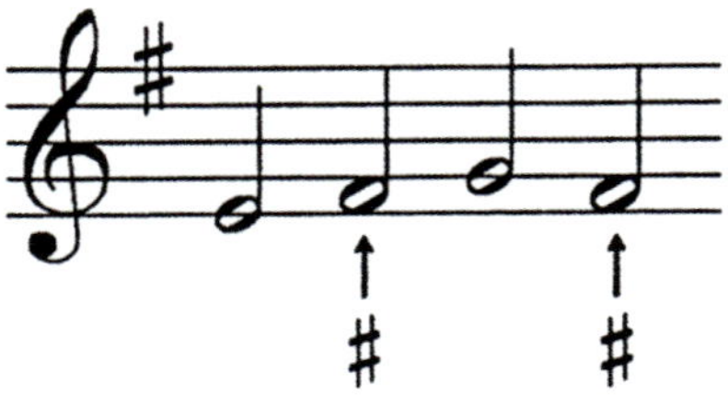

Le dièse est à la clé. Il est placé sur la ligne FA. Toutes les notes FA de la pièce seront donc diésées. Faites donc très attention car il est facile d'oublier d'altérer ces notes. Je vous suggère donc, au début, d'encercler les notes modifiées.

## EXERCICE

Dans le morceau suivant, le DIÈSE est à la clé sur la ligne de FA. Toutes les notes FA de la pièce seront diésées. À vous d'y voir !

1. Suivez le Guide d'apprentissage, page 72.
2. Position des mains : le pouce gauche sur le DO central et le pouce droit sur le RÉ (voir page 124).
3. Comptage : 1-2-3/1-2-3; avec l'accompagnement, comptez 2 mesures et commencez.

Mélodie n° 49 a)
Accompagnement n° 49 b)

### La valse des patineurs › E. Waldteufel

## EXERCICE

Tout le monde a entendu le concerto pour piano nº 21 de Mozart connu sous le nom d'« Elvira Madigan ». Jouez-le et faites l'expérience des dièses.

### Techniques utilisées : les croches, les liaisons, les dièses.

1. Suivez le Guide d'apprentissage, page 72.
2. Position des mains : le pouce gauche sur le DO central et le pouce droit sur le RÉ (voir page 124).
3. Comptage : 1 et 2 et 3 et 4 et ; avec l'accompagnement, comptez 2 mesures et commencez.

**OBSERVATION :** attention à votre doigté lorsque vous voyez le symbole suivant ☞ !

Mélodie nº 50 a) Accompagnement nº 50 b)

Elvira Madigan › W. A. Mozart

EXERCICE

## L'EXERCICE SUIVANT VOUS INITIERA AUX BÉMOLS.

### Techniques utilisées : les liaisons, les bémols.

1. Suivez le Guide d'apprentissage, page 72.
2. Position des mains : le pouce gauche sur DO et le pouce droit sur RÉ (voir page 124).
3. Comptage : 1-2-3 et commencez sur 3 (note de levée) ; avec l'accompagnement, comptez 1-2-3-1-2 et commencez sur 3.

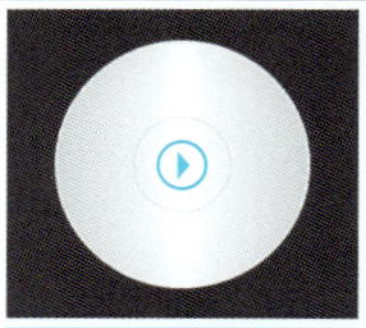

**Mélodie n° 51 a) Accompagnement n° 51 b)**

Les vagues du Danube › Ivanovici

# Les points de reprises et les boîtes

À l'occasion, vous remarquerez des boîtes numérotées associées à des points de reprise (voir page 114), comme dans le morceau suivant. La meilleure façon de comprendre comment cela fonctionne consiste à passer à l'action : jouez le morceau normalement jusqu'aux deuxièmes points de reprise (incluant la boîte n° 1), puis reprenez aux premiers points de reprise, cette fois sans jouer les mesures incluses dans la boîte n° 1, en passant directement aux mesures de la boîte n° 2. Écoutez le CD et vous comprendrez rapidement.

## EXERCICE

### Techniques utilisées : les points de reprises et les boîtes, les croches, les dièses, les bécarres, les accords détachés et les silences.

1. Suivez le Guide d'apprentissage, page 72.
2. Position des mains : voir illustration page 106.
3. Comptage : 1 et 2 et 3 et, et commencez sur 4 et (notes de levée).

**OBSERVATION :** attention à votre doigté aux mesures où apparaît ce symbole . La pièce suivante est un peu plus difficile et contient plusieurs altérations. Repérez-les à l'avance pour éviter les surprises. Au début, vous pourriez annoter votre partition là ou se trouvent les BÉMOLS, les BÉCARRES ET les DIÈSES. De plus, étant donné la longueur, ne travaillez que quelques mesures à la fois.

n° 52

Marche de Radetzky › J. Strauss

# Chapitre 14

# IL FAUT FAIRE SES GAMMES

Nous avons déjà eu l'occasion d'aborder la question des gammes. Nous allons maintenant approfondir cette notion si essentielle en musique que l'expression « faire ses gammes » est passée dans le langage populaire.

La GAMME est tout simplement une suite de huit notes (ou sept si l'on veut, car la première et la dernière sont identiques à une octave d'intervalle) composée de tons et de demi-tons.

Il existe deux principaux types de GAMMES : les GAMMES majeures et les GAMMES mineures. Ce sont les intervalles entre les notes et non les notes qui font qu'une gamme est majeure ou mineure. Pour le moment, concentrons-nous sur les GAMMES majeures. La gamme majeure doit absolument présenter la séquence de tons et de demi-tons suivante :

**1 - 1 - ½ - 1 - 1 - 1 - ½**

## Voici ce même modèle appliqué aux deux gammes « majeures » utilisées dans cette méthode :

**GAMME DE DO MAJEUR** DO‿RÉ‿MI‿FA‿SOL‿LA‿SI‿DO

1 1 1/2 1 1 1 1/2

**GAMME DE SOL MAJEUR** SOL‿LA‿SI‿DO‿RÉ‿MI‿FA#‿SOL

1 1 1/2 1 1 1 1/2

Je vous signale qu'il n'est pas nécessaire de mémoriser ce modèle. Je vous le donne simplement pour vous aider à comprendre ce qu'est une GAMME.

Ce qui compte en revanche, c'est de retenir, dans les exemples de gammes que je vous donnerai, les endroits où se trouvent des altérations.

Par exemple, dans la GAMME de SOL, le FA est diésé.

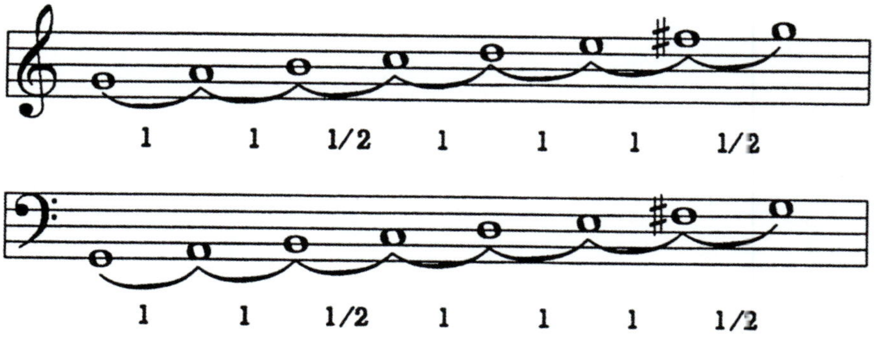

# La gamme de DO majeur

Passons sans plus attendre à la « GAMME des GAMMES », si l'on peut dire : la GAMME de DO majeur. N'hésitez pas à la jouer et à la rejouer, car vous la retrouverez sous une forme ou une autre dans un nombre considérable de morceaux. Cela vous permettra d'acquérir plus d'aisance !

## MAIN DROITE : Voici le doigté pour jouer la gamme

Placez le pouce sur le DO central et jouez les notes selon le doigté indiqué sur les portées ci-bas. Remarquez que vous passerez le pouce sous les autres doigts de MI à FA en jouant la gamme ascendante, et, en jouant la gamme descendante, vous passerez le troisième doigt par-dessus votre pouce de FA à MI.

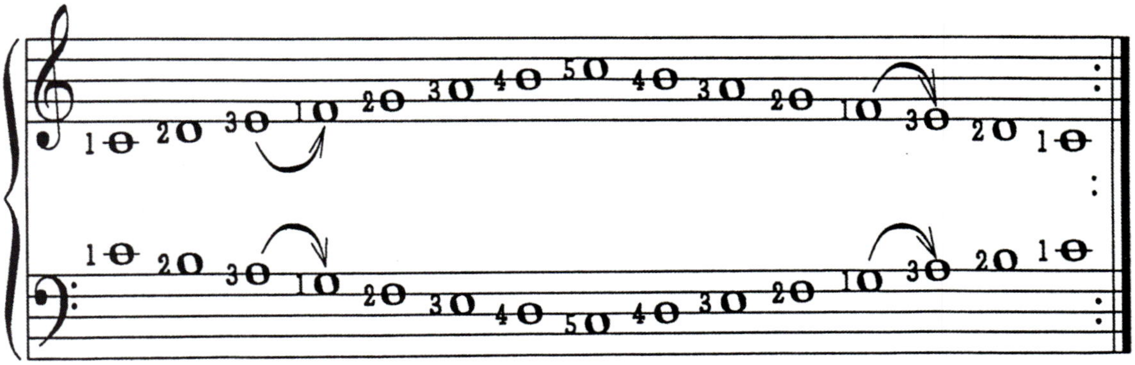

## EXERCICE

n° 53 a), b), c)

**a)** MAIN DROITE : Jouez plusieurs fois sans ralentir ni vous arrêter.

**b)** MAIN GAUCHE : Jouez plusieurs fois sans ralentir ni vous arrêter.

**c)** MAINS ENSEMBLE : Placez les pouces sur le DO central et jouez la gamme. Le doigté est le même pour les deux mains : les pouces passent sous les autres doigts en même temps et les troisièmes doigts passent par-dessus les pouces en même temps.

CETTE GAMME FORME UN MOUVEMENT CONTRAIRE. Dans cet exercice, remarquez que le doigté est identique pour les deux mains, mais que les notes jouées par la main droite sont ascendantes et que les notes jouées par la main gauche sont descendantes.

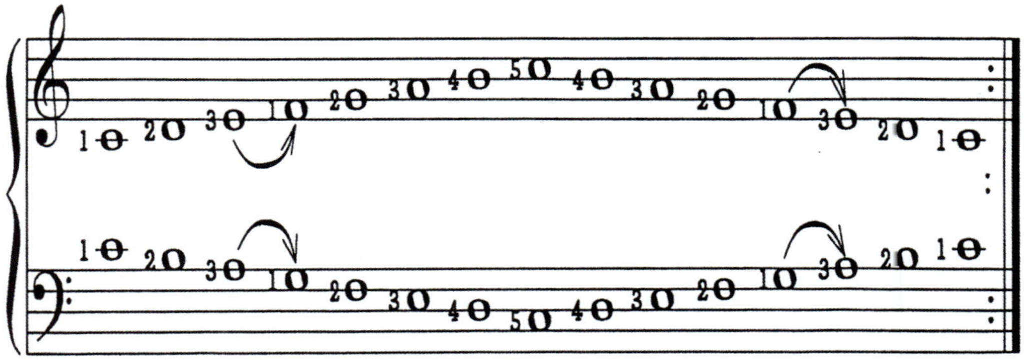

## AIDE-MÉMOIRE

- **Autodidacte, êtes-vous toujours OBSERVATEUR ?**
- **Votre doigté est-il correct ?**
- **Est-ce que vos phalangettes s'écrasent ?**
- **Vos jointures sont-elles bien courbées ?**

## EXERCICE

### Techniques utilisées : la gamme de do majeur, les croches, les accords, le phrasé, les mouvements parallèles et contraires.

1. Suivez le Guide d'apprentissage, page 72.
2. Position des mains : voir illustration page 106.
3. Comptage : 1 et 2 et 3 et 4 et.

**OBSERVATION** : à la mesure 3, habituez-vous à placer le cinquième doigt sur le DO sans vous arrêter.

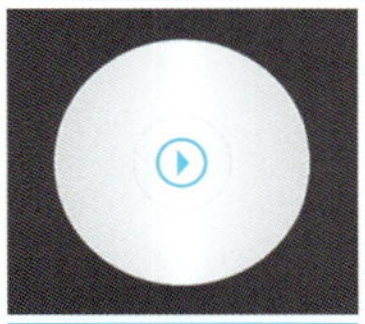
nº 54

Variation nº 2 › W. A. Mozart

EXERCICE

## FAITES DANSER VOS AMIS !

**Techniques utilisées : la gamme de do majeur, les accords détachés, les points de reprises et les boîtes, la liaison.**

1. Suivez le Guide d'apprentissage, page 72.
2. Position des mains : voir illustration page 106.
3. Comptage : 1-2-3-4.

**OBSERVATION :** attention ! Les mesures où apparaît ce symbole signalent un changement de doigté. Prenez garde !

French Cancan › J. Offenbach

**MAINTENANT QUE VOUS AVEZ ASSIMILÉ LA GAMME DE DO, VOYONS LA GAMME DE SOL MAJEUR, ELLE AUSSI TRÈS IMPORTANTE.**

# La gamme de SOL majeur

Un morceau écrit en DO majeur (sur le modèle de la gamme) commence généralement par un DO et se termine aussi par un DO. De même, une pièce écrite en SOL majeur commence par un SOL et se termine par un SOL. De plus, comme ci-dessous, cette gamme, construite sur le modèle des tons des gammes majeures, contient un dièse. LE FA EST TOUJOURS DIÉSÉ. C'est pourquoi le dièse est placé à la clé, et non pas à côté de la note.

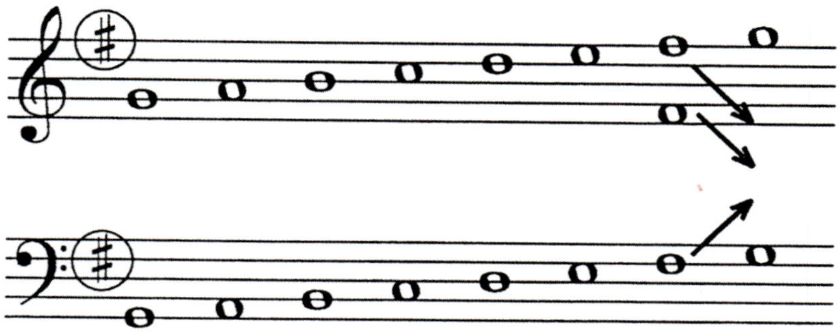

Ces FA seront diésés.

## EXERCICE

### DÉCOUVREZ LA FRAÎCHEUR DE LA TONALITÉ DE SOL MAJEUR.

Mélodie n° 56 a)
Accompagnement n° 56 b)

**Techniques utilisées : les liaisons, les croches, les dièses, la tonalité de sol majeur.**

1. Suivez le Guide d'apprentissage, page 72.
2. Position des mains : le pouce gauche sur le DO central et le pouce droit sur le RÉ. Le 3ᵉ doigt de la main droite sera sur le FA dièse.
3. Comptage : 1 et 2 et 3 et ; avec l'accompagnement, comptez 2 mesures et commencez.

**OBSERVATION :** veillez à bien placer le doigt n° 3 sur LA# à la mesure où se trouve le symbole du dièse #.

### Sérénade › R. Drigo

# Chapitre 15

# APPUYEZ SUR LA PÉDALE

Le rôle de la pédale est d'amplifier et de soutenir les sons produits. Quand vous l'utilisez, même si vos mains quittent le clavier, vous obtenez des sonorités qui vibrent davantage. Dès que votre pied quitte la pédale, les vibrations cessent.

Dans la plupart des pièces, le compositeur indique les endroits où il désire que la pédale soit utilisée, mais l'interprète peut les choisir lui-même, à condition évidemment de faire preuve de discernement et de goût.

Votre piano, vous l'avez sans doute déjà remarqué, possède trois pédales au niveau des pieds. Mais nous n'utiliserons ici que la PÉDALE DE DROITE du piano. Seuls les pianistes chevronnés utilisent les autres pédales.

Aussi, convenons que le terme « pédale » désigne dans ce guide la PÉDALE DE DROITE.

Retenons dès le départ cette règle d'or : ON N'UTILISE LA PÉDALE QU'APRÈS AVOIR MAÎTRISÉ LE MORCEAU, ce qui revient à dire que cette étape constitue la toute dernière de votre Guide d'apprentissage (voir page 72). Si vous l'utilisez avant, vous rendez votre effort de coordination beaucoup plus ardu, car vous devez alors penser non seulement à votre main gauche et à votre main droite mais aussi à votre pied !

Monsieur A. Lavignac a dit : « L'art de la pédale ne consiste pas à savoir la mettre, mais à savoir la retirer. » Ce qu'il essaie de nous faire comprendre, c'est que l'on a tendance à **trop se servir de la pédale.** Il en résulte donc une série de sons cacophoniques. Pour éviter cela, je vous suggère de ne pas appuyer à fond sur la pédale, mais de la presser doucement, de façon à obtenir des sonorités amplifiées.

Bref, la raison d'être de la pédale est de mettre en valeur certains beaux passages et d'obtenir des legatos sans pareils. Sachez donc l'utiliser avec goût et sagesse !

# Comment utiliser la pédale

D'ABORD, en gardant votre talon au sol, exercez-vous tout simplement à appuyer sur la pédale puis à enlever le pied. Faites les mouvements le plus vite possible de façon à bien les lier. Il est à noter que les deux mouvements se font en un temps.

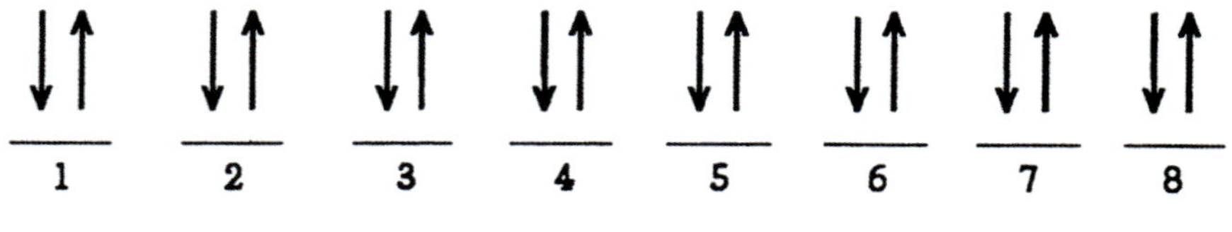


› **Répétez l'exercice précédent jusqu'à ce que vous preniez de la vitesse et que les mouvements du pied soient coordonnés.**

**ENSUITE, apprenez les signes indicateurs de l'utilisation de la pédale.**

*Ped.* : signifie appuyer sur la pédale ↓

_/_ : ce signe indique
les passages où il faut utiliser la pédale : ↑↓
1. RELÂCHER la pédale ; 2. ENFONCER la pédale.

* : sur une partition, l'astérisque indique qu'il faut cesser d'utiliser la pédale. ↑

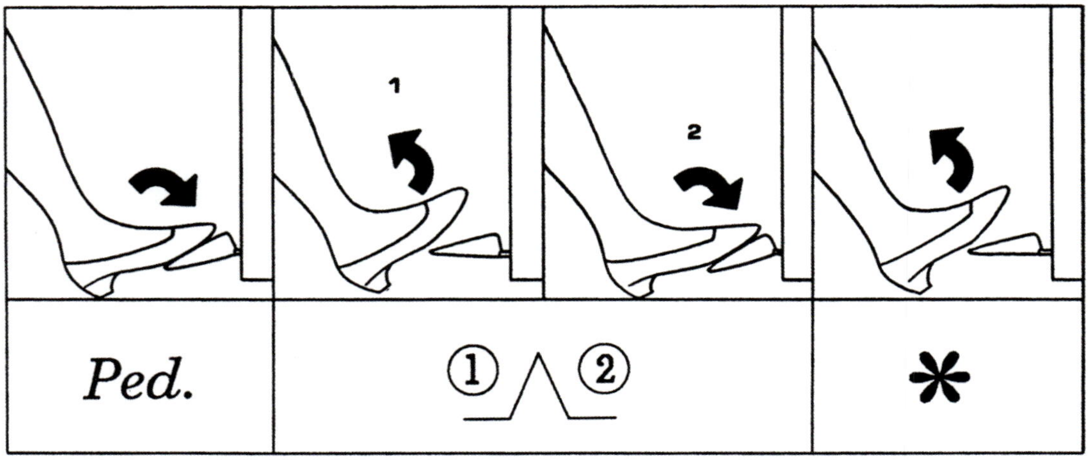


**CONTINUEZ à vous exercer en suivant cette fois les signes musicaux appropriés. Souvenez-vous que le mouvement d'appuyer sur la pédale et de la relâcher se fait en un temps.**

*Ped.* : _/_ _/_ _/_ _/_ _/_ _/_ _/_ _/_ _/_ *

1 2 3 4 5 6 7 8 9

EXERCICE

n° 57

## APPUYEZ SUR LA PÉDALE EN JOUANT LES NOTES SUIVANTES AVEC LE DEUXIÈME DOIGT DE LA MAIN DROITE. VOUS CONSTATEREZ À QUEL POINT LA PÉDALE VOUS AIDE À OBTENIR UN BEAU LEGATO.

1. Enfoncez la pédale au contact de la première note : ***Ped.***
2. Quand vous voyez ce signe ‿/\‿ , cela signifie que vous vous devez enlever votre pied juste après le contact de la note pour le remettre immédiatement.
3. À l'astérisque (*), retirez votre pied de la pédale.

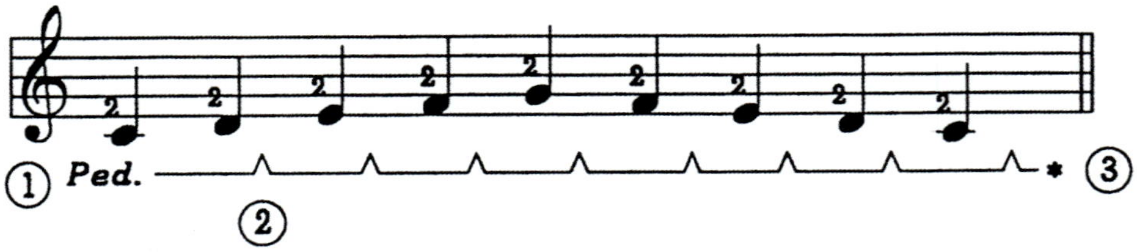


**Vous obtenez un mouvement comme ceci : note/pédale, note/pédale, etc.**

## EXERCICE

### Techniques utilisées : les silences, la gamme de do majeur, les liaisons, le phrasé, les accents.

**1** Suivez le Guide d'apprentissage, page 72.

**2** Position des mains : placez le 5ᵉ doigt de la main droite sur le DO situé à droite du DO central.

**3** Comptage : 1-2-3-4. Notez que le premier temps est un silence. Vous comptez 1 et commencez à jouer sur le 2ᵉ temps. Avec l'accompagnement, comptez 1-2-3-4-1-2-3-4-1 et commencez sur 2-3-4.

**OBSERVATION :** Faites vos changements de pédale le plus vite possible afin de ne pas ralentir votre jeu. Attention au changement de doigté lorsque vous voyez ce symbole  .

Mélodie n° 58 a)
Accompagnement n° 58 b)

La magie de Noël › M. Legros

# Chapitre 16

# AIMEZ-VOUS BEETHOVEN ?

Vous vous souvenez de ce charmant roman de Françoise Sagan *Aimez-vous Brahms ?* Et vous, aimez-vous Beethoven ? Eh bien, dans ce chapitre, nous apprendrons à jouer le très beau mouvement lent de la *Septième symphonie* de Beethoven.

Mais il faudra d'abord se familiariser avec deux nouvelles notions. Vous verrez, elles sont très simples et vous les retrouverez dans beaucoup de morceaux superbes : les DOUBLES NOTES et les GAMMES MINEURES.

# Les doubles notes

Les DOUBLES NOTES sont deux notes que l'on joue simultanément et qui sont par conséquent superposées sur la portée, de la même manière qu'un accord. D'ailleurs, certains auteurs considèrent que les DOUBLES NOTES sont aussi des accords. Quoi qu'il en soit, il faut les jouer comme des accords, c'est-à-dire simultanément. Comme il est très important de les jouer en même temps, vous devrez donc raffermir vos doigts.

Les DOUBLES NOTES me permettent de vous initier à une autre notion : l'INTERVALLE, c'est-à-dire l'écart qui existe entre deux sons.

Chaque INTERVALLE porte un nom, selon la distance ou l'écart entre deux notes. Par exemple, on appelle l'INTERVALLE entre DO et RÉ une SECONDE et celui qui sépare DO de MI, une TIERCE.

Voici un petit truc pour les retenir facilement. De DO à RÉ, vous comptez deux notes ; cela vous donne une SECONDE. De DO à MI, vous comptez trois notes, c'est-à-dire que vous incluez la note de départ et la note d'arrivée, ce qui fait DO, RÉ, MI, donc trois notes. Vous arrivez alors à une TIERCE. C'est simple, n'est-ce pas ?

Voici maintenant les principaux INTERVALLES.

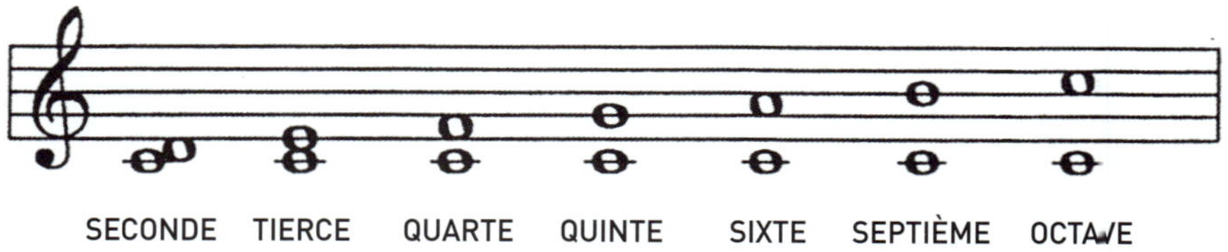

## EXERCICE

### Techniques utilisées : les doubles notes, les altérations, les accents, les croches, les accords détachés.

1 Suivez le Guide d'apprentissage, page 72.

2 Position de la main droite : le pouce sur MI ; main gauche : le pouce sur SOL.

3 Comptage : 1 et 2 et 3 et 4 et.

**OBSERVATION :** le deuxième doigt la main gauche repose sur FA♯ et joue toujours les mêmes accords.

Les mesures marquées d'une ☞ auront besoin de plus d'attention !

n° 59

Thème de La danse du sabre › A. Khachaturian

# Mettez-vous au mode… mineur !

Il y a une deuxième notion qu'il faut maîtriser pour jouer le mouvement lent de Beethoven : le MODE MINEUR.

Jusqu'à maintenant, tous les morceaux que vous avez joués étaient de tonalité majeure, c'est-à-dire qu'ils étaient construits sur une gamme majeure. Disons pour simplifier les choses que la tonalité majeure (ou mode majeur – on peut employer indifféremment les deux expressions) crée des sonorités et des impressions gaies et joyeuses.

Le MODE MINEUR est pour sa part très différent. Il est utilisé pour créer des effets plus mélancoliques, plus sentimentaux. Par exemple, la plupart des célèbres chansons d'amour ont été écrites en MODE MINEUR.

La gamme mineure a un modèle de tons et de demi-tons différent de la gamme majeure :

DO-RÉ-MI♭-FA-SOL-LA♭-SI-DO
1 ½ 1 1 ½ 1½ ½

Cela vous paraît un peu compliqué à mémoriser ? Voici un petit truc : vous n'avez qu'à vous servir de la gamme majeure et à en bémoliser (c'est-à-dire diminuer d'un demi-ton) la 3e et la 6e note. Facile n'est-ce pas ?

## Voici par exemple deux gammes : celle de DO MAJEUR et celle de DO MINEUR.

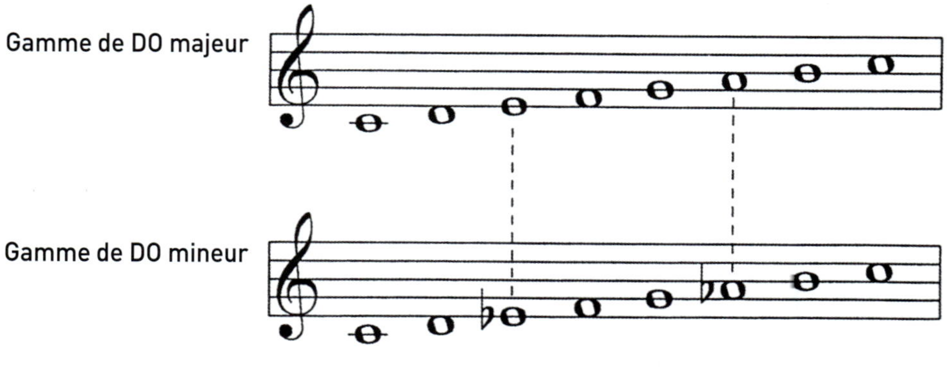

EXERCICE

## AVANT D'ENTREPRENDRE L'ÉTUDE DU TRÈS BEAU ET TRÈS CÉLÈBRE DEUXIÈME MOUVEMENT DE *LA SEPTIÈME SYMPHONIE* DE BEETHOVEN, VOICI UNE PIÈCE PRÉPARATOIRE QUI, ELLE AUSSI, UTILISE LES DOUBLES NOTES ET LE MODE MINEUR, *LA VARIATION Nº 3* DE MOZART.

Techniques utilisées : les doubles notes, le mode mineur, les accents, les altérations, la pédale, la reprise.

1. Suivez le Guide d'apprentissage, page 72.
2. Nouvelle position des mains :

3. Comptage : 1-2-3-4.

**OBSERVATION :** accordez plus d'attention à la deuxième mesure. Cette pièce se joue lentement.

**UN CONSEIL AVANT DE COMMENCER :** sachez exploiter le poids de vos mains et vous obtiendrez ainsi de plus belles sonorités. Laissez donc la gravité travailler pour vous en sentant vos mains tomber naturellement sur le clavier. Ne raffermissez que le bout de vos doigts.

n° 60

## Variation n° 3 › W. A. Mozart

### EXERCICE

**Techniques utilisées : les doubles notes, les altérations, la pédale.**

1. Suivez le Guide d'apprentissage, page 72.
2. Position des mains : voir page 76 (les 2 pouces sur DO central).
3. Comptage : 1-2-3-4.

**OBSERVATION :** soyez vigilant ! Chaque mesure demande une attention toute particulière.

nº 61

Deuxième mouvement, symphonie nº 7 › L. V. Beethoven

# Chapitre 17

# DÉCOUVREZ LE TRIOLET ET NUANCEZ DAVANTAGE VOTRE JEU

## Voici maintenant une figure de note un peu plus complexe : le TRIOLET.

Le TRIOLET est un groupe de trois croches reliées ensemble par une ligne courbe et le chiffre 3. Voici comment il est représenté :

Quant à la durée, un TRIOLET de croches équivaut à une NOIRE.

n° 62 a)

- **Comparez le TRIOLET à la NOIRE sur votre CD.**

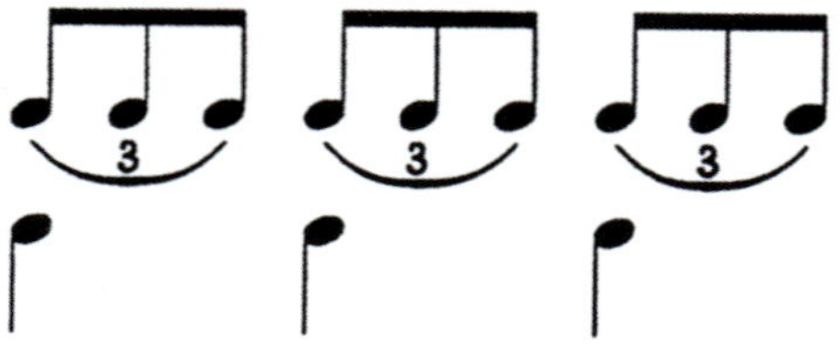


- **Saisissez-vous le rythme du TRIOLET ? Notez que la première note du groupe est toujours légèrement accentuée. Pensez qu'elle correspond au temps principal de la NOIRE.**

n° 62 b)

Le TRIOLET est facile à compter. Dites simplement TRI-O-LET, toujours en accentuant le TRIO. Écoutez l'exemple sur votre CD.

- **Comptez en même temps que l'enregistrement sur le CD.**

## EXERCICE

n° 63 a) et b)

**Voici 2 exercices rythmiques avec des TRIOLETS. En jouant une seule note au piano, faites ces exercices, toujours en comptant à voix haute.**

a)

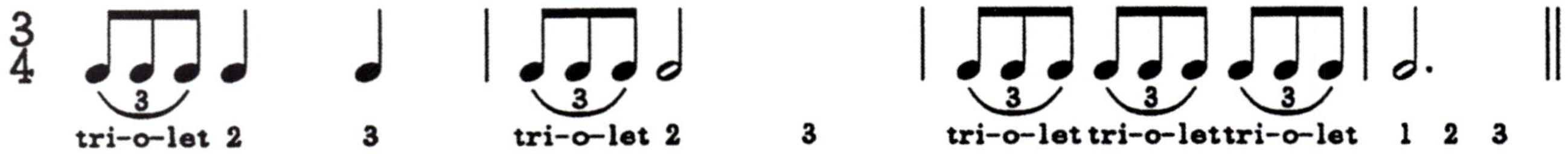


b)

## EXERCICE

### EXERCEZ-VOUS À FAIRE DES TRIOLETS.

Techniques utilisées : la tonalité de sol majeur, les triolets, les altérations.

1. Suivez le Guide d'apprentissage, page 72.
2. Position des mains : le pouce gauche sur le DO central et le pouce droit sur le RÉ ; le 3e doigt de la main droite sur FA♯.
3. Comptage : 1-2-3 ; avec l'accompagnement, comptez 2 mesures et commencez.

**OBSERVATION :** aux mesures où apparaît ce symbole,  surveillez bien votre doigté !

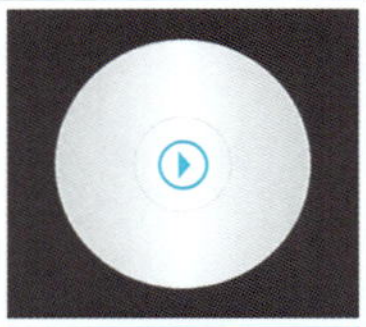

Mélodie n° 64 a)
Accompagnement n° 64 b)

Beautiful Dreamer › S. Foster

# Devenez un meilleur interprète !

Le piano est un art d'interprétation. Pour que votre jeu soit subtil et agréable, il faut que vous y mettiez toutes les nuances nécessaires. Lorsqu'on parle de nuance pianistique, on parle de plusieurs choses, mais il en est une qu'on ne peut passer sous silence, l'INTENSITÉ.

Mais comment savoir si on doit jouer un passage avec plus ou moins d'intensité ? Les compositeurs ne sont pas à nos côtés pour nous indiquer comment nuancer notre jeu. Heureusement, ils peuvent intégrer à leurs compositions plusieurs symboles qui indiquent au pianiste avec quelle intensité jouer. En respectant ces signes, votre jeu acquerra plus de subtilité et de versatilité. Vous serez capable de jouer tour à tour très doucement, énergiquement, passionnément !

## Voici les symboles indiquant les différentes nuances au piano.

| Abréviation | Terme italien | Vous devez jouer |
|---|---|---|
| ***pp*** | *Pianissimo* | Très doux |
| ***p*** | *Piano* | Doux |
| ***mp*** | *Mezzo piano* | Moyennement doux |
| ***mf*** | *Mezzo forte* | Moyennement fort |
| ***f*** | *Forte* | Fort |
| ***ff*** | *Fortissimo* | Très fort |
| < | *Crescendo* | Augmenter graduellement l'intensité |
| > | *Decrescendo* | Diminuer graduellement l'intensité |

## EXERCICE

n° 65

En choisissant une seule note au clavier, jouez les différentes nuances, tel qu'indiqué ci-dessous.

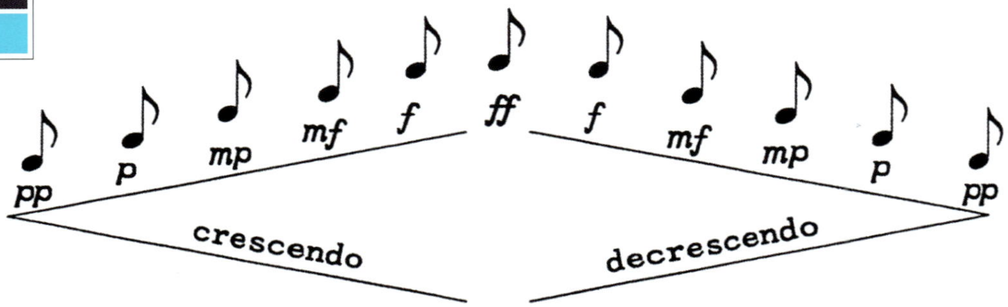


Voici maintenant trois morceaux qui vous permettront pour la première fois d'intégrer des nuances d'intensité dans votre jeu. Remarquez, vous les faisiez peut-être déjà d'instinct, ce qui prouve que vous avez des dispositions pour la musique, mais maintenant, vous saurez exactement à quel endroit les faire.

**Notez qu'il est bon, lorsque vous passez en revue un morceau, de répéter à l'avance les passages qui seront joués piano, forte, etc.**

Les trois morceaux suivants vous permettront également de vous familiariser avec les TRIOLETS.

## EXERCICE

### Techniques utilisées : les triolets, le mode de sol majeur, les nuances.

1. Suivez le Guide d'apprentissage, page 72.
2. Position des mains : le pouce gauche sur le DO central et le pouce droit sur le RÉ.
3. Comptage : 1-2-3 ; avec l'accompagnement, comptez 2 mesures et commencez.

**OBSERVATION :** attention de ne pas oublier que les FA sont tous diésés.

Mélodie n° 66 a)
Accompagnement n° 66 b)

Sérénade › F. Schubert

## EXERCICE

### Techniques utilisées : les nuances, les liaisons, les triolets, les altérations.

**1** Suivez le Guide d'apprentissage, page 72.

**2** Position des mains : la main droite, le pouce sur le DO central ; la main gauche, le pouce sur SI (juste à côté du DO central).

**3** Comptage : 1-2-3 ; avec l'accompagnement, comptez 1-2-3-1 et commencez sur 2-3.

**OBSERVATION :** attention au doigté aux mesures où apparaît ce symbole ☞ .

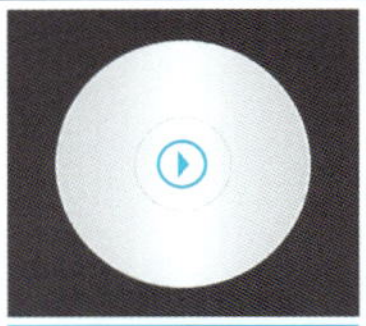

Mélodie n° 67 a)
Accompagnement n° 67 b)

Sérénade pour cordes › P. Tchaïkovsky

## EXERCICE

### Techniques utilisées : les triolets, les nuances, les croches, le phrasé.

**1** Suivez le Guide d'apprentissage, page 72.

**2** Position des mains : la main droite, le 4e doigt sur le MI à droite du MI central au clavier ; main gauche, le pouce sur le DO à droite du DO central.

**3** Comptage : 1 et 2 et 3 et.

**OBSERVATION :** les mains ne changent pas de position.

n° 68

### Menuet › J. Hook

# Chapitre 18

LA NOIRE POINTÉE

# Que vaut une note pointée ?

Il arrive que le compositeur veuille qu'une note se prolonge plus longtemps que sa durée conventionnelle. Comme on l'a vu précédemment, il peut utiliser la LIAISON. Par exemple, une BLANCHE liée à une NOIRE a une valeur de trois temps (deux temps plus un temps).

Mais il y a un autre moyen de prolonger la durée d'une note : le POINT.

En effet, le **POINT prolonge une note de la moitié de sa valeur.** Par exemple, si vous rencontrez une BLANCHE pointée, que vaut-elle ? C'est simple. La BLANCHE vaut 2 temps. Lorsqu'on met un point à sa droite, elle est augmentée de la moitié de sa valeur, c'est-à-dire un temps. Elle vaut alors 2 temps + 1 temps = 3 temps, donc 3 NOIRES.

Que vaut une NOIRE pointée ? Faites le calcul ! La moitié d'une NOIRE est égale à un demi-temps ou une CROCHE. Une NOIRE pointée vaut donc trois CROCHES ou un temps et demi.

Le comptage de la NOIRE pointée peut poser à première vue un problème. Mais il y a un truc ! Comptez simplement 1 et 2.

En général, la NOIRE pointée est suivie d'une CROCHE qui, pour ainsi dire, la complète.

## EXERCICE

nº 69 a), b), c)

Écoutez sur votre CD le rythme des NOIRES pointées que l'on trouve dans les trois exercices suivants. Ensuite, refaites ces exercices en marquant le rythme soit en tapant dans les mains, soit en jouant une seule note au piano.

a)

b)

c)

**VOICI QUELQUES PIÈCES QUI VOUS PERMETTRONT DE VOUS FAMILIARISER AVEC LA NOIRE POINTÉE.**

## EXERCICE

### Techniques utilisées : les noires pointées, le mode mineur, les accords détachés, la reprise.

1. Suivez le Guide d'apprentissage, page 72.
2. Position des mains : voir page 155.
3. Comptage : 1 et 2 et.

**OBSERVATION :** attention à la main gauche lorsque vous arrivez aux mesures où apparaît ce symbole ☞ : le pouce se place sur le LA bémol. Veillez-y !

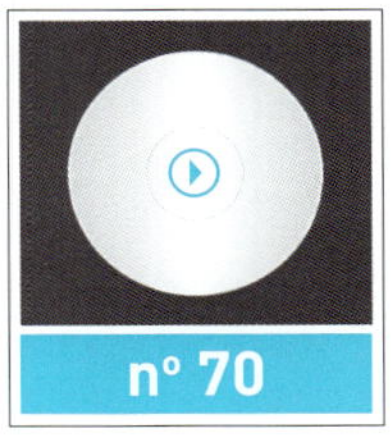


### Variation n° 4 › W. A. Mozart

## EXERCICE

### Techniques utilisées : les noires pointées, le phrasé, les accents, les nuances.

**1** Suivez le Guide d'apprentissage, page 72.

**2** Position des mains : le pouce gauche sur le DO central et le pouce droit sur le RÉ.

**3** Comptage : 1 et 2 et 3 et ; avec l'accompagnement, comptez 2 mesures et commencez.

**OBSERVATION :** c'est un morceau facile, profitez-en pour le jouer plus rapidement.

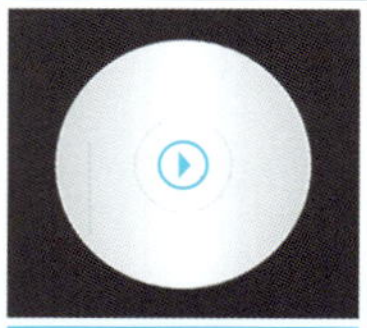

Mélodie n° 71 a)
Accompagnement n° 71 b)

Valse de l'Empereur › J. Strauss

## EXERCICE

### Techniques utilisées : les noires pointées, les croches, les nuances, le phrasé.

1. Suivez le Guide d'apprentissage, page 72.
2. Position des mains : le pouce gauche sur le DO central et le pouce droit sur le RÉ.
3. Comptage : 1 et 2 et 3 et 4 et ; avec l'accompagnement, comptez 2 mesures et commencez.

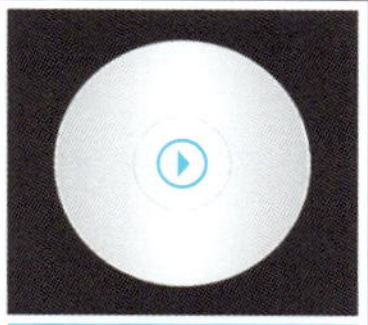
Mélodie n° 72 a) Accompagnement n° 72 b)

### Andantino › Lemare

## EXERCICE

**Techniques utilisées : les noires pointées, la tonalité de sol majeur, les croches, le phrasé.**

1. Suivez le Guide d'apprentissage, page 72.
2. Position des mains : la main droite, le pouce sur le MI central (placez votre deuxième doigt sur le FA♯!) ; la main gauche, le pouce sur le RÉ.
3. Comptage : 1 et 2 et 3 et 4 et ; avec l'accompagnement, comptez 2 mesures et commencez.

Mélodie n° 73 a)
Accompagnement n° 73 b)

### Le Lac des cygnes › P. Tchaïkovsky

## EXERCICE

**VOICI LA TRÈS BELLE *BERCEUSE* DE BRAHMS QUE, SANS DOUTE, VOUS AVEZ ENTENDU FREDONNER DANS VOTRE ENFANCE. ELLE CONTIENT DES NOTIONS FRAÎCHEMENT ACQUISES COMME LES CROCHES, LES TRIOLETS ET LES NOIRES POINTÉES.**

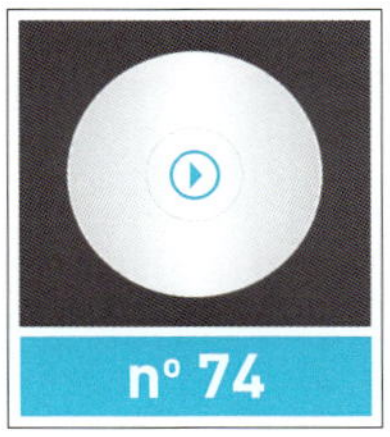


1. Suivez le Guide d'apprentissage, page 72.
2. Position des mains : main droite, le pouce sur le MI et le deuxième doigt sur le SOL ; main gauche, le pouce sur le SOL.
3. Comptage : 1 et 2 et 3 et, en commençant sur 3 et (note de levée).

**OBSERVATION :** les doigts de la main droite seront appelés à se déplacer beaucoup. Soyez alors très attentif au doigté. J'ai placé ce symbole ☞ en guise d'avertissement.

## Berceuse › J. Brahms

# Chapitre 19

PLUS RAPIDE QUE LA CROCHE,
LA DOUBLE CROCHE

# La double croche

Nous avons vu la plupart des figures de note. Il en est une que vous rencontrerez assez souvent, surtout dans les pièces enlevantes : la DOUBLE CROCHE.

Une DOUBLE CROCHE vaut la moitié d'une CROCHE, c'est-à-dire ¼ de temps. Elle se joue donc deux fois plus rapidement.

Pour revenir à notre unité de base constituée par la NOIRE, voici les valeurs respectives de la NOIRE, de la CROCHE et de la DOUBLE CROCHE :

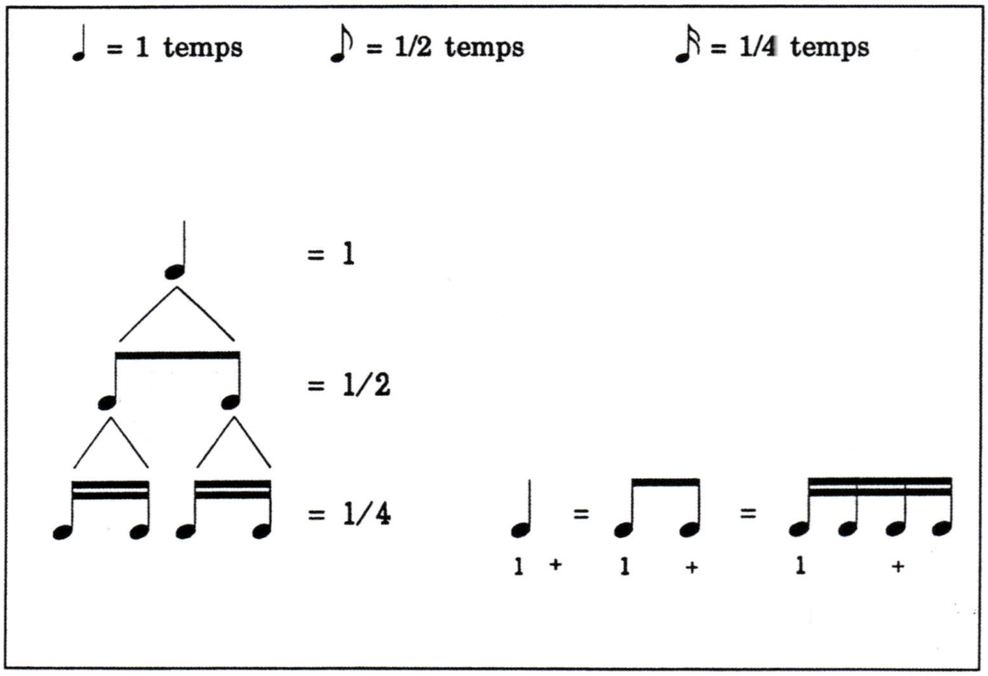


Toute seule, la DOUBLE CROCHE s'écrit ainsi : . Mais, en pratique, disons que cette figure de note ne prise guère la solitude ! On la retrouve la plupart du temps accompagnée de ses sœurs ! Elles apparaissent souvent par groupes de quatre : 

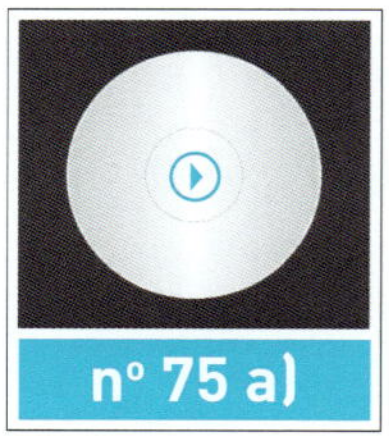


En bref, la durée de 4 DOUBLES CROCHES est égale à une NOIRE. Écoutez et comparez les DOUBLES CROCHES aux noires et aux croches :

## EXERCICE

n° 75 b)

Le grand poète Goethe a dit : « Grise est la théorie, vert est l'arbre de la connaissance ». En musique, c'est un peu la même chose. La théorie est importante mais elle ne suffit pas. Il faut absolument répéter pour assimiler la connaissance.

› **Faites l'exercice suivant soit en tapant dans vos mains, soit en jouant une seule note au piano et en comptant à voix haute.**

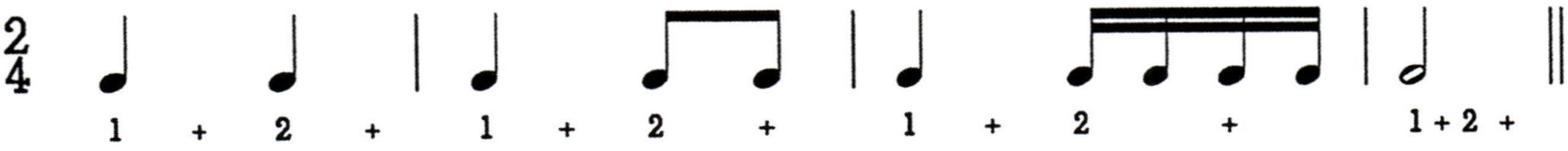


## EXERCICE

n° 76 a), b)

Pour comprendre vraiment le rythme de la DOUBLE CROCHE, rien de tel que l'exercice suivant (faites-le plusieurs fois, toujours en comptant à voix haute) :

a)

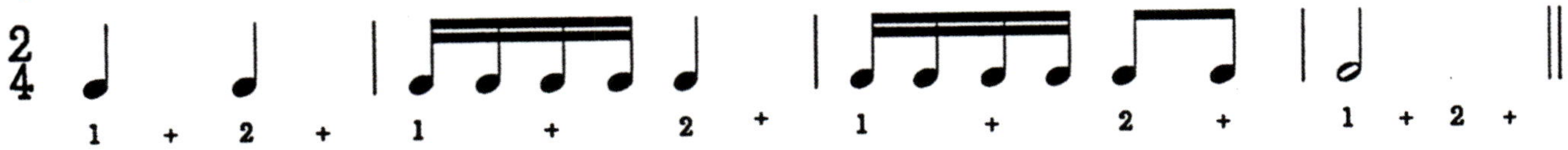


b)

Si vous avez l'impression de ne pas saisir ces rythmes, recommencez, mais cette fois en même temps que le CD. Cela vous aidera à comprendre.

## EXERCICE

### Techniques utilisées : les doubles croches, les croches, les nuances.

1. Suivez le Guide d'apprentissage, page 72.
2. Position des mains : le pouce gauche sur le DO et le pouce droit sur le RÉ.
3. Comptage : 1 et 2 et ; avec le CD, comptez 2 mesures et commencez.

**OBSERVATION :** ce symbole  vous rappelle de bien lier le RÉ de la main droite aux notes de la main gauche.

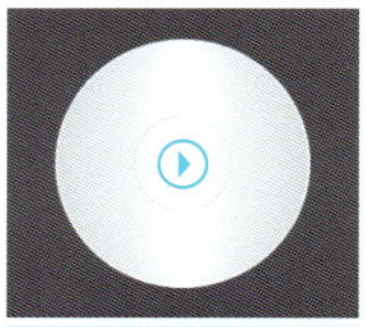

Mélodie n° 77 a)
Accompagnement n° 77 b)

### Yvan Sings › A. Khachaturian

## EXERCICE

### Techniques utilisées : les doubles croches, les croches, la tonalité de sol majeur.

**1** Suivez le Guide d'apprentissage, page 72.

**2** Position des mains : la main droite, le pouce sur le MI ; la main gauche, le pouce sur le RÉ central, qui se lit aussi comme suit :

RÉ central

**3** Comptage : 1 et 2 et 3 et, en commençant avec 3 et ; avec l'accompagnement, comptez 1 et 2 et 3 et 1 et 2 et, en commençant avec 3 et.

**OBSERVATION :** surveillez le doigté et les notes des mesures avec ce symbole ☞ .

Mélodie n° 78 a)
Accompagnement n° 78 b)

Menuet ❯ L. Boccerini

## EXERCICE

**FÉLICITATIONS !** Vous entreprenez maintenant votre toute dernière variation de Mozart. Elle sera facile à jouer, car vous êtes habitué aux accords de la main gauche. La mélodie sera un peu différente mais vous reconnaîtrez sans doute le thème. Les précieux moments que vous avez passés au piano vous auront doté d'une oreille musicale !

### Techniques utilisées : les doubles croches, les accords, la reprise.

1. Suivez le Guide d'apprentissage, page 72.
2. Position des mains : la main droite, le pouce sur FA ; la main gauche, le pouce sur SOL.
3. Comptage : 1 et 2 et.

**OBSERVATION :** attention aux changements de position de la main et au doigté.

## UN CONSEIL AVANT DE COMMENCER

Quand vous jouez, ne « forcez » pas car cela vous occasionnera des tensions inutiles. En outre, veillez à ce que vos épaules et vos coudes ne montent pas en raison de la tension. Souvenez-vous que jouer du piano ne demande pas une grande force physique.

n° 79

### Variation n° 5 › W. A. Mozart

# Troisième partie

# Chapitre 20

# PLACE À LA MUSIQUE !

FÉLICITATIONS ! Vous avez maintenant terminé la partie théorique de la méthode. Le plus difficile est fait. Vous avez progressé pas à pas. Vous avez bien travaillé, vous n'avez pas sauté de pages. Il est très important d'y aller progressivement. Si vous ne vous sentez pas encore tout à fait à l'aise avec certaines notions théoriques, pourquoi ne pas vous livrer à une petite révision ?

Maintenant que vous avez franchi toutes les étapes de votre apprentissage, le temps est venu de récolter les fruits de votre patience. Une belle moisson musicale vous attend, faites des airs les plus célèbres de tous les temps !

Chaque morceau est précédé d'une feuille d'analyse musicale. Ne la négligez pas. Que votre préparation soit soignée ! Votre interprétation n'en sera que plus brillante ! Certains morceaux sont assez longs. Ils vous permettront de mettre en pratique avec brio plusieurs des techniques que vous avez patiemment assimilées et mettront à l'épreuve votre concentration et votre mémoire.

Si vous utilisez tous les trucs que j'ai mis à votre disposition, si vous vous servez de toutes vos capacités mentales... qui sont certainement supérieures à ce que vous croyez, vous réussirez ! Le grand Chopin a dit : « Croyez que vous pouvez bien jouer, et vous jouerez bien ! »

Au début de chaque morceau, vous remarquerez la présence d'une, deux ou trois petites CLÉS DE SOL qui indiquent le degré de difficulté de la pièce.

# Degré de difficulté des pièces

**Facile** 𝄞

**Intermédiaire** 𝄞 𝄞

**Avancé** 𝄞 𝄞 𝄞

Je vous conseille également d'écouter votre CD. J'y ai enregistré pour vous tous les morceaux de ce recueil. Une écoute attentive vous guidera dans votre apprentissage et vous donnera des idées d'interprétation. Cela dit, je tiens à souligner que mon interprétation personnelle n'a rien d'un dogme et ne doit en aucun cas freiner votre originalité.

Précisons cependant qu'au début, il est parfois hasardeux de vouloir être trop original. N'oubliez pas que la plupart des grands artistes ont commencé par *imiter* avant de laisser s'exprimer leur véritable personnalité !

› **Maintenant, à vous de jouer !**

# Feuille d'analyse musicale

## Techniques utilisées :

1. Les accords détachés ;
2. Les altérations ;
3. Les doubles notes ;
4. La pédale ;
5. Les nuances.

## Observations générales :

La main gauche devra jouer très doucement, car elle accompagne. En revanche, la main droite, responsable de la mélodie, devra jouer avec plus d'expression. Imaginez que votre main gauche est très légère et votre main droite, lourde.

## Comptage :

Comptez 1-2-3-4.

## Mesures à surveiller :

*Pour la main droite :*

1. Mesures 5-6 ; attention au doigté ;
2. Mesure 11 ; cet accord peut être difficile si vous avez de petites mains. Omettez le MI si vous êtes incapable de rejoindre les deux notes
3. Mesures 14-15-16 ; attention au doigté ;
4. Mesure 18 ; la main droite doit faire un petit saut ; habituez-vous à jouer la note sans créer d'interruption.

*Pour la main gauche :*

1. Mesures. 14-15-16 ; veillez à bien maîtriser ces accords afin qu'ils ne vous ralentissent pas !

nº 80

## Berceuse de Jocelyn › B. Godard

# Feuille d'analyse musicale

## Techniques utilisées :

1. Les accords détachés ;
2. Les triolets ;
3. Les bémols ;
4. La liaison ;
5. La pédale.

## Observations générales :

La main gauche ne présente pas de problème. Par contre, la main droite demande plus d'attention. Faites toujours l'effort de jouer avec beaucoup d'expression de la main droite, et en sourdine de la main gauche.

## Comptage :

Comptez 1-2-3.

## Mesures à surveiller :

*Main droite :*

1. Mesures 1-5-9-13 ; les triolets doivent être en rythme ;
2. Mesures 4-6-10-12 ; attention au doigté.

*Main gauche :*

1. Mesures 8-14 ; exercez l'écart des doigts.

nº 81

# Amazing Grace

# Feuille d'analyse musicale

## Techniques utilisées :

1. Les accords détachés ;
2. La liaison ;
3. Les nuances ;
4. Les altérations ;
5. Les points de reprise et ses boîtes ;
6. La pédale.

## Observations générales :

Jouez avec expression de la main droite et en sourdine de la main gauche. Cette pièce peut vous paraître longue, mais en fait elle contient beaucoup de répétitions, ce qui facilite les choses.

## Comptage :

Comptez 1-2-3 en commençant sur 3 (note de levée).

## Mesures à surveiller :

*Main droite :*

1. Mesures 18-19-20 ; attention au doigté.

*Main gauche :*

1. Mesures 3-4-5-6-7 ; refaites plusieurs fois la progression des notes ;
2. Mesure 10 ; exercez l'écart de la main gauche.

*Mains ensemble :*

1. Mesures 14-15-18-19 ; attention au comptage.

nº 82

## Liebestraum › F. Liszt

# Feuille d'analyse musicale

## Techniques utilisées :

1. Les liaisons ;
2. Les doubles notes ;
3. Les nuances ;
4. La pédale ;
5. La pièce est écrite en SOL majeur.

## Observations générales :

Le jeu de la main gauche sera différent de ce que vous avez expérimenté jusqu'à maintenant. Par contre, elle ne se déplace pas beaucoup.

Prêtez une attention toute spéciale à la main droite, car le doigté change à plusieurs endroits.

## Comptage :

Comptez 1 et 2 et 3 et 4 et. Le comptage est à surveiller de près !

## Mesures à surveiller :

1. Mesures 2-6-7-8-10-14 ; ces mesures comportent des FA dièse. Ne les oubliez pas !
2. Mesures 4 ; suivez bien le doigté indiqué pour la main droite ;
3. Mesures 7-8-15-16 ; attention au doigté de la main gauche ;
4. Mesure 9 ; placez vos mains en position de départ (ajustez le doigté).

n° 83

## Thème du Prince Igor › A. Borodine

# Feuille d'analyse musicale

## Techniques utilisées :

1. Les liaisons ;
2. Les doubles notes ;
3. Les silences ;
4. Les nuances ;
5. La pédale ;
6. Les accents.

## Observations générales :

Dans les 22 premières mesures, la main gauche ne se déplace pas ; vous pourrez donc exercer votre main droite en prêtant attention au doigté et à l'expression du jeu ;

Jouez doucement de la main gauche. Retenez votre attaque.

## Comptage :

Comptez 1-2-3-4. ATTENTION aux notes liées.

## Mesures à surveiller :

1. Mesures 4-8-14-22-27-28 ; attention au doigté de la main droite ;
2. Mesure 14 ; les notes de la main droite équivalent aux LA et SOL dièse de la main gauche. Elles sont ainsi jouées à gauche du DO central ;
3. Mesure 17 ; reprenez votre position initiale ;
4. Mesures 23 jusqu'à la fin : prêtez beaucoup d'attention à la main gauche, car elle se déplace et le doigté diffère. Il serait excellent de travailler ces mesures séparément, plusieurs fois, afin de surmonter les difficultés.

n° 84

Les pêcheurs de perles › G. Bizet

# Feuille d'analyse musicale

## Techniques utilisées :

1. La tonalité de SOL majeur ;
2. Les noires pointées ;
3. Les altérations ;
4. La pédale est facultative.

## Observations générales :

La main gauche se déplace beaucoup ; accordez-lui toute votre attention ;

Jouez avec expression de la main droite ;

N'oubliez pas les FA dièse.

## Comptage :

Comptez 1 et 2 et, en commençant sur 2 et.

## Mesures à surveiller :

*Main droite :*

1. Mesures 5-10-12-14 ; attention au doigté ;
2. Mesures 5-6-7 ; progression des notes.

*Main gauche :*

1. Mesures 4-5 ; exercez la progression des notes ;
2. Mesures 8-9 ; exercez la progression des notes ;
3. Mesure 12 ; n'oubliez pas le FA dièse.

nº 85

# Auld Lang Syne

# Feuille d'analyse musicale

## Techniques utilisées :

1. Les accents ;
2. Les silences ;
3. Les croches ;
4. Les liaisons ;
5. Les altérations ;
6. Les accords ;
7. Les doubles notes.

## Observations générales :

Je vous conseille de ne pas utiliser la pédale ;

Les deux mains doivent jouer aussi fort l'une que l'autre ;

De plus, il est important de jouer les deux mains exactement en même temps.

## Comptage :

Comptez 1 et 2 et 3 et 4 et, et commencez sur 4 et (note de levée).

## Mesures à surveiller :

1. Mesures 9 à 14 : nouvelle position de la *main gauche.* Suivez attentivement les nouvelles notes et les doigtés ;
2. Mesure 12 à 16 ; soyez attentif aux doigtés et au rythme de la *main droite.*

nº 86

## Symphonie nº 1, 4ᵉ mouvement › J. Brahms

# Feuille d'analyse musicale

## Techniques utilisées :

1. Les doubles croches ;
2. Les croches ;
3. Les liaisons ;
4. La pédale ;
5. Les nuances.

## Observations générales :

Cette pièce est lente, ce qui vous donnera amplement le temps de repérer les différentes positions de vos mains et de coordonner vos doigtés avec les notes indiquées. La main droite demande plus d'attention.

## Comptage :

Vous comptez 1 et 2 et 3 et, en accentuant légèrement les premiers temps.

## Mesures à surveiller :

1. Mesures 1-2-9-10 ; exercez les doubles croches de la *main droite* afin que votre jeu devienne fluide ;
2. Mesure 8 ; exercez ce passage séparément afin d'obtenir une belle phrase musicale. Attention de ne pas ralentir ;
3. Mesure 13 ; exercez-vous à jouer ce passage de la *main droite* seulement, pour jouer cette phrase sans vous arrêter.

n° 87

# Valse musette › G. Puccini

# Chapitre 21

RÉPERTOIRE DES DIFFICULTÉS

# Tensions dans les doigts, les poignets, les avant-bras et les épaules

## Tensions dans les doigts

**Symptômes**
Votre 2e doigt se soulève et se sépare des autres.
Difficulté à lever les 4e et 5e doigts.

**Diagnostic**
Cela se produit surtout quand vous utilisez les 4e et 5e doigts. Ces doigts sont reliés au même tendon et dépendent donc l'un de l'autre.

**Remède**
Faites l'exercice suivant et vous verrez qu'en peu de temps le 2e doigt prendra sa place habituelle et que les 4e et 5e doigts seront plus libres. Prenez position, le pouce sur DO. Enfoncez les doigts 1 et 2. Toujours en maintenant ces deux doigts au fond des touches, enfoncez les touches plusieurs fois avec le 4e doigt puis avec le 5e doigt. Alternez les deux doigts. Répétez. Cet exercice a pour but de contraindre votre 2e doigt à enfoncer la touche et à exercer les 4e et 5e doigts.

## Tensions dans les doigts et les mains

**Symptôme**
Tensions dans les doigts et les mains : les doigts ont tendance à monter et à se contracter, surtout quand vous utilisez les 4e et 5e doigts.

**Diagnostic**
La source du problème est le poignet. Les tendons qui actionnent les doigts passent par le poignet. Quand votre poignet est trop haut, ils sont coincés et occasionnent des tensions. Les adultes sont plus sujets que les enfants aux tensions musculaires. Il se peut aussi que vous forciez trop lorsque vous jouez ; vous essayez peut-être de jouer trop fort.

**Remède**
Je vous suggère de faire les exercices d'échauffement avant chaque répétition. Ils vous donneront plus de souplesse et renforceront certains muscles particulièrement sollicités lorsque vous jouez du piano. Aussi, DÉTENDEZ les poignets quand vous jouez ; un petit mouvement de haut en bas à chaque note assouplira votre jeu. Si vous jouez trop fort, songez que vous n'avez pas à frapper la note très fort pour que les marteaux répondent. Le mot-clé : SOUPLESSE.

## Tensions dans les poignets, les avant-bras et les épaules

**Symptôme**
Tensions dans les poignets, les avant-bras et les épaules.

**Diagnostic**
Il est normal que toutes sortes de tensions apparaissent au début, à cause de l'anxiété. Il est même possible que tout votre corps soit tendu.

**Remède**
Chaque fois que vous vous sentez tendu, arrêtez-vous et prenez une grande respiration. Ensuite, reprenez tout en restant conscient de votre respiration. Cela vous permettra de vous détendre et facilitera votre apprentissage. De plus, pensez toujours à relâcher les avant-bras (gravité) et surtout à détendre (baisser) les épaules. Le mot-clé est RESPIRATION.

# Fausses notes

## Première cause

**Symptôme**
Il vous semble que vous faites toujours de légères FAUSSES NOTES ici et là.

**Diagnostic**
Vous ne connaissez pas suffisamment vos notes.

**Remède**
Votre tête contrôle vos mains. Elle doit absolument connaître les notes avant l'approche pianistique. Refaites l'étape n° 1 du Guide d'apprentissage.
Ancrez le nom des notes dans votre tête, les mains feront le reste !

## Deuxième cause

**Symptôme**
ENCORE DES FAUSSES NOTES ! Vous êtes retourné à l'étape n° 1 pour bien comprendre et mémoriser la partition, et vous la connaissez bien, mais vous faites encore des fausses notes !

**Diagnostic**
Oui, ce problème est très fréquent. Il est fort possible que le problème soit physique, par exemple, vous bougez ou vous déplacez vos mains quand vous jouez.

**Remède**
Rappelez-vous que vous devez bouger les doigts et non les mains. Quand vos mains se déplacent, le risque de frapper une mauvaise note augmente. Aussi faites l'effort, lorsque vous jouez, de garder les mains à leur position initiale. Vos doigts doivent attaquer la touche bien au milieu.

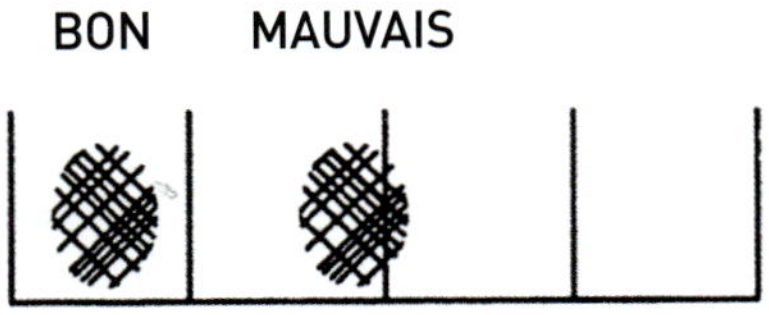

## Troisième cause

**Symptôme**
Vous retournez à un morceau que vous maîtrisiez bien et, à votre grande déception, vous faites des erreurs un peu partout.

**Diagnostic**
N'oubliez pas que le piano est tout nouveau pour vous et qu'il est possible que vous ayez oublié quelques informations.

**Remède**
Je vous suggère fortement de réviser les passages qui vous avaient donné du fil à retordre, en jouant d'abord seulement de la main gauche et ensuite seulement de la main droite. Puis, recommencez ; vous verrez qu'après 2 ou 3 fois, vous maîtriserez de nouveau votre morceau. COURAGE !

## Quatrième cause

**Symptôme**
Chaque fois que vous jouez, vous faites des erreurs, mais ce ne sont pas nécessairement toujours les mêmes. Vous n'arrivez pas à jouer un morceau sans faute.

**Diagnostic**
Votre problème est un manque de concentration. Je vous suggère ici un exercice qui n'est pas musical mais dont vous bénéficierez dans les différentes activités qui exigent un certain niveau d'attention.

**Remède**
Prenez une feuille blanche et dessinez-y un petit point noir. Mettez cette feuille en face de vous au piano et fixez le point pendant 2 minutes les premiers jours, puis augmentez ce temps jusqu'à 5 et même à 15 minutes. Cet exercice est miraculeux. Il m'a été transmis par mon maître, Paul Loyonnet, qui le faisait régulièrement.

## Cinquième cause

**Symptôme**
Vous aviez l'habitude de jouer un morceau sans faute, et voilà que maintenant vous commencez à faire toutes sortes d'erreurs.

**Diagnostic**
Sans vous en rendre compte, vous avez sûrement augmenté la vitesse d'exécution et maintenant vous jouez trop vite pour votre niveau.

**Remède**
Vous n'avez qu'à ralentir votre vitesse d'exécution. Seuls le temps et la répétition vous permettront d'atteindre la vitesse que vous souhaitez. SOYEZ PATIENT !

## Voici un truc pour éliminer une fausse note persistante

La première étape consiste à identifier la note sur laquelle vous butez constamment et à travailler avec une seule main. En plaçant votre main correctement et en utilisant le bon doigté, jouez la note récalcitrante en exagérant votre mouvement et votre force. Il va sans dire que vous devrez répéter ce mouvement et jouer ce passage plusieurs fois. Lorsque vous aurez réglé ce problème, répétez avec les deux mains le passage difficile pendant quelques jours afin de bien le maîtriser.

Vous devrez vous montrer très persévérant, car les fausses notes ont la vie dure. Les doigts, comme s'ils avaient une mémoire propre, ont tendance à enregistrer la première impression ou le premier mouvement et à le conserver. C'est d'ailleurs la raison pour laquelle votre façon d'aborder une nouvelle pièce est très importante. Moins vous ferez d'erreurs au début, moins vous aurez tendance à les reproduire. Aussi, ESSAYEZ DE BIEN JOUER LA PIÈCE DU PREMIER COUP.

Disciplinez-vous, car les erreurs sont, dans plusieurs cas, causées par un manque de discipline. N'oubliez jamais de vous poser la question suivante : POURQUOI AI-JE FAIT UNE ERREUR ? Il est également important de vous rappeler à quel endroit exactement cette erreur se produit dans la pièce.

## Rythme

**Symptôme**
Vous ne reconnaissez pas votre mélodie. Les notes semblent placées, mais vous trouvez que votre pièce est sans intérêt.

**Diagnostic**
Cette impression est sûrement imputable au rythme. Le rythme est la combinaison des durées. Vérifiez donc si vous avez la bonne valeur de temps pour chaque note.

**Remède**
Vous corrigerez ce problème en comptant. Allez-y, une bonne dose de comptage donnera beaucoup de vitalité à votre pièce.

## Coordination des mains

**Symptôme**
Vous jouez très bien les mains séparées, mais quand il est temps de les coordonner, vous faites des erreurs.

**Diagnostic**
Il est facile de jouer seulement avec la main droite ou seulement avec la main gauche. Vous jouez donc plus vite à cette étape. Lorsque vous coordonnez vos deux mains, vous cherchez à garder la même vitesse. C'est une erreur, car l'effort de coordination exige beaucoup d'attention et les fautes sont alors inévitables.

**Remède**
Quand le temps sera venu de coordonner vos deux mains, rappelez-vous qu'il faut répéter lentement. Ensuite, vous pourrez augmenter graduellement votre vitesse. SOYEZ PATIENT !

# Trous de mémoire

## Première cause

**Symptôme**
Vous avez des trous de mémoire ici et là accompagnés de fausses notes et d'hésitations, et ce, malgré que vous connaissez parfaitement vos notes sur la portée comme sur le clavier.

**Diagnostic**
Si vous regardez seulement votre partition, vous manquerez des déplacements et des notes au clavier. Si vous ne regardez que le clavier, vous oublierez les notes de la portée.

**Remède**
Faites alterner votre regard entre vos mains et votre partition. Un équilibre s'établira. N'oubliez pas que vous avez des données à la fois sur le clavier et sur votre partition. Ici, je suggère un exercice à mes élèves : sans jouer, faites alterner le plus vite possible vos yeux entre la première mesure et bonnes notes sur le clavier ; faites la même chose pour toutes les mesures de la pièce. Le tout doit se faire le plus vite possible. Cela exercera vos yeux à tout voir en même temps !

## Deuxième cause

**Symptôme**
Trous de mémoire. Soudain, vous êtes complètement perdu ! Cela se produit généralement lorsqu'on connaît une pièce depuis longtemps. Vous n'avez plus à penser, vous êtes sûr de vous, mais attention, car ce sont maintenant vos doigts qui dirigent votre tête.

**Diagnostic**
Vous commencez à connaître votre partition par cœur et vous ne la lisez presque plus. Vous vous en remettez plutôt à votre intuition. Cette étape est dangereuse, car vous acquérez de très mauvaises habitudes et vous risquez de faire des fausses notes. C'est une période agréable pour vous, car le cerveau est paresseux ; il n'aime pas faire l'effort de travailler. Ce piège est inévitable, soyez rassuré.

**Remède**
Retournez à votre feuille de musique, redécouvrez vos notes et même répétez-les à voix haute. Ne soyez pas découragé, car ces erreurs se corrigent très rapidement ; après tout, vous connaissez déjà vos notes !

# Manque de confiance

## Première cause

**Symptôme**
BÉGAIEMENT des notes au piano : vous répétez toujours la même note avant de passer à la suivante.

**Diagnostic**
Manque d'habitude de l'instrument.
Anxiété.

**Remède**
Ici encore, l'important est d'avoir ses notes en mémoire. Il est fort possible que vous pensiez connaître votre pièce mais, qu'au fond, vous ayez oublié vos notes. Donc, répétez-les à voix haute et mémorisez-les parfaitement. Cela vous donnera l'assurance voulue.
Vous êtes trop pressé. Il est vrai que la fièvre de la vitesse court à notre époque. Ralentissez votre tempo. Essayer d'aller trop vite au début ne fera qu'aggraver vos problèmes.

## Deuxième cause

**Symptôme**
Vous avez bien travaillé votre pièce, mais vous manquez d'assurance et vous hésitez beaucoup.

**Diagnostic**
Manque d'habitude de l'instrument.
Manque de confiance en vous.

**Remède**
La RÉPÉTITION est un remède efficace. C'est elle qui permet de polir le son produit. Donc RÉPÉTEZ votre morceau plusieurs fois et vous verrez que vous acquerrez beaucoup d'assurance et de souplesse.

## Troisième cause

**Symptôme**
Vous n'arrivez pas à jouer de façon artistique, c'est-à-dire avec expression.

**Diagnostic**
Cela vous intimide peut-être parce que vous êtes du type introverti ?

**Remède**
Isolez-vous si possible et, surtout, profitez-en pour apprendre à vous exprimer. Un bon truc consiste à chanter votre pièce en créant des sons qui vous plaisent. Ou encore, je vous suggère de beaucoup travailler avec le CD. Écoutez bien les morceaux que vous répétez.

## Voici un petit truc pour vous donner confiance

Aussitôt que vous connaissez votre morceau par cœur, rejouez-le, les yeux fermés. Oui, vous avez bien lu, les yeux fermés ! Un autre univers s'ouvrira à vous. Ce petit truc améliorera votre concentration, votre oreille et cimentera les données dans votre mémoire. Tous mes élèves sans exception ont d'abord redouté cet exercice et, pourtant, TOUS L'ONT RÉUSSI. Dites-vous bien que, si vous pouvez jouer une pièce les yeux clos, ce sera un jeu d'enfant les yeux ouverts !

## Un mot d'encouragement

Sachez qu'une fois que vous avez réussi à jouer parfaitement un morceau, vous pourrez TOUJOURS le rejouer parfaitement. Ce n'est qu'une question de confiance et de vigilance.

# Le mot de la fin

Ma rencontre avec Paul Loyonnet, pianiste, écrivain et conférencier réputé, fut pour moi une grande initiation musicale ainsi que spirituelle. Il m'a transmis, au-delà de l'éducation pianistique, les secrets de la transcendance musicale et le grand pouvoir que nous avons tous à l'intérieur de nous de réaliser nos désirs les plus profonds.

La création de cette méthode de piano fut un exercice de vulgarisation des grands thèmes que j'ai appris de mon maître, de façon que vous puissiez à votre tour acquérir les qualités qu'un excellent pianiste possède.

Mais dites-vous bien qu'il y a une chose qui dépasse de loin toutes mes explications, et ce n'est rien d'autre que votre amour pour le piano et la musique !

Mozart disait lui-même que ni l'intelligence ni l'imagination ne font le génie... mais que c'est L'AMOUR, seulement L'AMOUR, et uniquement L'AMOUR qui fait le génie.

Achevé d'imprimer au Canada
sur les presses de Quebecor World Saint-Jean